V&R

Ulrike Bethlehem

Latine loqui:
gehört – gesprochen – gelernt

Kopiervorlagen zur Grammatikeinführung

2. Auflage 2017

Vandenhoeck & Ruprecht

Bibliografische Information der Deutschen Nationalbibliothek

Die Deutsche Nationalbibliothek verzeichnet diese Publikation in der
Deutschen Nationalbibliografie; detaillierte bibliografische Daten sind
im Internet über http://dnb.d-nb.de abrufbar.

ISBN 978-3-525-71105-7

Weitere Ausgaben und Online-Angebote sind erhältlich unter: www.v-r.de

Druck und Bindung: ⊕ Hubert & Co., Göttingen

Gedruckt auf alterungsbeständigem Papier.

Inhalt

Didaktisch-methodische Einführung 6

MATERIAL ZUR GRAMMATIKEINFÜHRUNG

1. Die Formen von *esse* – Kennenlernen 10

2. Der Vokativ – Begrüßung 13

3. Der Imperativ – Aufforderungen im Klassenzimmer 14

4. Der Nominativ: Singular und Plural – Bildbeschreibung 19

5. Der Akkusativ – Was sehe ich? 25

6. Der Akkusativ mit Präpositionen 35

7. Der Ablativ mit Präpositionen 41

8. Der Genitiv – Wessen Toga ist das? 45

9. Der Dativ – Was schenke ich wem? 56

10. Der AcI 63

MATERIAL ZUR WORTSCHATZEINFÜHRUNG

1. Klassenraumvokabular 71

2. Wortschatz zum Thema »Seefahrt« 74

MATERIAL ZUM DOWNLOAD

Download-Code für E-Book und Zusatzmaterial 80

Didaktisch-methodische Einführung

1. Hören und Sprechen im Lateinunterricht?

Eigentlich sind Hören und Sprechen so konstitutive Elemente einer Sprache, dass eine Begründung ihrer Anwendung im Sprachunterricht obsolet erscheint.

Aber wie steht es mit einer ‚toten Sprache'? Schaut man sich traditionelle Bestandteile des Lateinunterrichts an, das „Sezieren von Satzteilen, der Analyse von Flexionsformen, der Benennung von Satztypen",[1] stößt man auf ein Konzept, das ein lebendes Objekt eher ausschließt.

Dürfen wir das?

Entweihen wir also das Lateinische, nehmen wir ihm den traditionellen Anspruch eines ‚Kopffachs', indem wir die Sprachreflexion, die kontrastive Ausbildung ‚mentaler und strukturierender' Fähigkeiten durch primitivere orale und imitative Fähigkeiten in den modernen Fremdsprachen aufgeben?[2] Wenn der kognitive Ansatz der Systemsprache Latein ‚der größte Abstand vom Affen'[3] ist, werden wir durch Hören und Sprechen im Lateinunterricht zu Primaten?

Im Gegenteil: Wir nutzen nur endlich den ursprünglichen, intellektuell unbeschränkten Zugang zur Sprache, der jedem Menschen in die Wiege gelegt ist. Und es schadet nicht, sich dafür gelegentlich ‚zum Affen zu machen'.

Ist das sinnvoll?

Angesichts eines offensichtlichen Mangels an *native speakers* verbindet diese Frage manchen Lateindidaktiker[4] mit erklärten Lateingegnern. Natürlich lassen sich mit dem Vokabular, das für die Übersetzung und Interpretation anspruchsvoller Klassiker in der Lektürephase notwendig ist,[5] keine Brötchen kaufen, aber das Medium Sprache funktioniert ganz unabhängig von dieser Art Authentizität. Falsche Skrupel sind also unangebracht, vor allem wenn es – wie hier – nur um die Nutzung von Hören und Sprechen zur Einführung und Übung grammatischer Phänomene geht.

Alles, was wir brauchen, ist ein leicht verständlicher, motivierender Kontext, eine angemessene Reduktion auf das fragliche Phänomen und ausreichend Wiederholungen mit variierendem Vokabular.

---

1 Torsten Eggers, „Latinitas viva in der Lehrbuchphase", *AU* 37,5 (1994), S. 37.

2 Vgl. Dietrich Stratenwerth, „Ziemlich grundsätzliche Überlegungen zur Konzeption von lateinischen Lehrbüchern", *Forum Classicum* 4/2012, S. 265.

3 Vgl. Wolfgang Krischke, Latein – der größte Abstand vom Affen. Kognitive Linguistik und Grammatik: Eine neue Perspektive für den Sprachunterricht?", *Frankfurter Allgemeine Zeitung*, 19.12.2001.

4 Z.B. Hans-Joachim Glücklich, „Das gegenwärtige Begründungsdefizit der Lateinsprechmethode" *AU* 37,5 (1994), S. 21.

5 Glücklich, „Das gegenwärtige Begründungsdefizit", S. 17; idem, „Ist aktives Lateinsprechen ein begründetes Lernziel oder eine sinnvolle Methode? Kritische Bemerkungen zum Lateinsprechkurs ‚Loquerisne Latine?'" in: *Alte Sprachen in Rheinland-Pfalz* 22,1/1976, S. 21–25.

Der englische Mönch Aelfric macht uns das bereits vor mehr als tausend Jahren vor: Er präsentiert Lateinlernen als ein Frage- und Antwortspiel über alltägliche Beschäftigungen, dessen interlineare angelsächsische Übertragung bis heute von Studenten als Einstieg ins Altenglische genutzt wird[6]:

„Quid sciunt isti tui socii?"

„Alii sunt aratores, alii opiliones,
quidam bubulci,
quidam etiam venatores,
alii piscatores, alii aucupes,
quidam mercatores,
quidam sutores,
quidam salinatores,
quidam pistores, coci. "

Man sieht Schüler und Lehrer förmlich durchs Dorf spazieren und auf ‚isti' zeigen. Und der Ansatz könnte moderner nicht sein: Die dialogische Form sorgt für Schüleraktivierung, das Thema motiviert durch Alltagsbezug, überschaubarer Satzbau und Anklänge an die Muttersprache (‚sunt'/altengl.: ‚synt') garantieren kontextuelle Eindeutigkeit und intellektuelle Leistbarkeit, Wiederholungen sorgen für Struktur und Nachhaltigkeit der Grammatik. Welcher Grammatik? Na klar: Nominativ Plural maskulinum. Fünfzehn mal ‚-i' und neunmal ‚-es'.

Dabei fällt der Grammatik-Drill durch den natürlichen Kontext nicht als solcher auf: In einem multidimensionalen Kontext aus Hören, Sprechen und Handeln lernt man, ohne es zu merken.

Können wir das?

Wir sind nun keine mittelalterlichen Mönche und trotz schriftlicher Stilübungen im Studium ist die Vorstellung des Lateinredens für manchen zunächst ungewohnt und respekteinflößend.[7] Auch Aelfric muss bereits solche Einwände gekannt haben, denn er beginnt seinen Dialog mit der Schülerbitte:

„Nos pueri rogamus te, magister, ut doceas nos loqui latialiter recte, quia idiote sumus et corrupte loquimur. "[8]

Aber das Lernen wird danach ein ‚Spaziergang' im wahrsten Sinne des Wortes.

Die Befürchtung, auch die Schüler könnten hier an ihre Grenzen stoßen und sich zurückziehen, ist unbegründet, denn hier geht es nicht um intellektuelle Leistbarkeit, sondern um das Anzapfen einer natürlichen Ressource: der angeborenen Prädisposition zum Spracherwerb.[9] Und dieser unterbewusste, inhaltsbezogene Erwerb *(acquisition)* – das wissen wir

---

6 G.N. Garmonsway, *Aelfric's Colloquy*, Exeter 1991, S. 19 f.

7 Vgl. Glücklich, „Das gegenwärtige Begründungsdefizit", S. 21; ebenso konzediert von den Verfechtern des *latine loqui*, Eggers, „Latinitas viva", S. 37 und Stroh, „Lateinreden", S. 13f.; vgl. auch Rezensionen zu Andreas Fritsch, Lateinsprechen, zusammengefasst in idem, „Lateinsprechen im Unterricht – eine Zwischenbilanz", *AU* 37,5 (1994), S. 24.

8 Garmonsway, *Aelfric's Colloquy*, S. 18.

9 Vgl. u.a. Noam Chomsky, *Reflections on Language*. New York, 1975, S. 13. Chomsky prägt den Begriff des 'language acquisition device' (LAD).

heute aus der Psycholinguistik[10] – schlägt das rein kognitive, formale Lernen *(learning)* in vielerlei Hinsicht: Es ist für jeden leistbar und wirkt nachhaltiger. In Kombination haben wir ein didaktisches Dreamteam.

2. Die Methode: Rezeption – Reproduktion – Produktion

Natürlicher Spracherwerb

Der natürliche Spracherwerb vollzieht sich in drei Schritten:
–   Am Anfang steht die Rezeption, das Hören und Verstehen eines Phänomens. Das Gehirn benötigt dazu eine Häufung verschiedener Kollokationen. Wiederholung und Variation bestimmen den Grad der Durchdringung. Ein Beispiel aus dem Muttersprachenlernen:

Meine kleine Cousine dachte lange, das Adjektiv ‚large' bedeute ‚grau', nicht ‚groß'. Warum? Ihre Nachbarn besaßen einen irischen Wolfshund, den alle stets als ‚large dog' bezeichneten. In anderen Kollokationen war ihr das Adjektiv nicht begegnet.

Wichtig für eine ausreichende Verortung ist also, dass das Phänomen ausreichend häufig und in möglichst unterschiedlichen Kontexten vorkommt.

–   Anschließend gibt Reproduktion – Verstehen und Reagieren – die Möglichkeit, das Erworbene zu festigen. Auch hier sind Wiederholung und Variation der Schlüssel.

–   Zuletzt sichert die eigene Produktion, der Transfer in andere Kontexte, das Erworbene nachhaltig.

Umsetzung im Sprachunterricht

Dieselben drei Schritte können auch im Sprachunterricht umgesetzt werden:
–   In Phase 1 spielt die Lehrkraft Szenen vor, beschreibt Bilder etc. Die Schülerinnen und Schüler hören zu und verstehen allmählich aus dem natürlichen Kontext das neue Grammatikphänomen: Den Akkusativ liefern Aufzählungen dessen, was jemand herstellt oder sieht oder kauft, den Ablativ verschiedene Varianten, womit etwas getan wird, Tätigkeiten sind Reihen von Infinitiven.
Für eine ausreichende sprachliche Verortung benötigen wir ungefähr 15 Wiederholungen. Das klingt aufwändig, geht aber schnell und lohnt sich: Das erworbene Verständnis ist präziser und zugleich flexibler als eine Übersetzungsgleichung oder eine grammatische Definition.

–   In den Phasen 2 und 3 sollen die Schülerinnen und Schüler schrittweise selbst aktiv werden. Hier werden Gruppen- und Partnerarbeit wichtig, um allen Schülern ausreichend Möglichkeiten zur eigenen Anwendung zu geben. Damit die Sprachrichtigkeit auch hier gewährleistet ist, garantieren Tandemkarten, auf deren Rückseite die Lösung vermerkt ist, dass der Partner bzw. die Gruppe die Korrektur übernehmen kann.

---

10 Vgl. Stephen D. Krashen, *Principles and Practice in Second Language Acquisition*, Oxford 1982, bes. S. 83 f.

Die folgenden Beispiele und Materialien zeigen, wie es geht. Sie sind weitgehend lehrbuch-unabhängig, aber an Themen orientiert, die in gängigen Unterrichtswerken in den entsprechenden Zusammenhängen vorkommen. Probieren Sie sie aus!

Bald werden Sie feststellen, dass Sie eine Fülle eigener Ideen haben und dass eine ungelenke Strichzeichnung schüleraktivierender wirken kann als perfekte Kunst. Werfen Sie ängstlichen Perfektionismus über Bord und folgen Sie Quintilian:

Lusus hic sit![11]

---

11 *Institutio Oratoria*, I, i, 20.

1.   Die Formen von ‚esse‘ – Kennenlernen

In modernen Fremdsprachenlehrwerken ist ganz selbstverständlich die erste Lektion die Begrüßung. Sie nutzen dabei die Gelegenheit, die Präsensformen des Verbs ‚sein‘ auf natürliche Weise einzuführen und zu üben. Gleichzeitig werden ‚du‘ und ‚ich‘ Teil des Geschehens.

Lateinbücher zwingen uns immer noch in die Beobachterrolle: Alles geschieht in der dritten Person und wir beobachten es aus der Distanz. Selbst wo begrüßt wird, finden wir nach einem ‚salve!‘ statt ‚Marcus sum‘ das ungleich kompliziertere ‚Mihi Marcus nomen est.‘ Ganze Dialoge finden ausschließlich in der dritten Person statt und bedienen so ein zugestanden würdevolles, aber steifes Antikebild.

Treten wir doch ein ins Geschehen und stellen wir uns auf Lateinisch vor! Die Begrüßung funktioniert gerade in zusammengesetzten Lateinklassen mit den echten Schülernamen, weil die Kennenlernsituation dort ganz authentisch ist. Sie kann aber bei Interesse auch mit römischen Namensschildern (s. Namensliste im →Downloadmaterial, Code S. 80) versucht werden.

> ZIEL
> Die Schülerinnen und Schüler verstehen und wenden die Präsensformen von ‚esse‘ im Dialog an. Durch die Reduktion auf den Namen als Prädikatsnomen erfassen sie dabei automatisch, dass anders als im Deutschen oder Englischen das Subjekt bereits im Prädikat steckt.

1. Einführung der Singularformen

VORBEREITUNG
- ggf. Beiseiterücken der Stühle und Tische
- Einteilung der Schüler (Paare)

AKTION
1. Phase: Präsentation
   Lehrerpräsentation und Nachspielen durch zwei Schülerpaare

   (A) „Salve! ... sum. – Quis es?“
   (B) „...sum. (Geste zum Partner). ... est.“

2. Phase: *Ambulatio*

In der englischen Didaktik heißt das ‚*walkabout*‘: Die Paare gehen frei durch den Raum und stellen sich den anderen Paaren vor. Dabei wechseln sich die Sprecher ab. Binnen Minuten haben sich so alle vorgestellt und das Erworbene vielfach angewendet.

2. Erweiterung für die Pluralformen

Vorbereitung
– Gemischte Einteilung in Paare (AB) und Dreiergruppen (CDE).
– Abwechseln der Sprecher anmahnen!

Aktion
1. Phase: Präsentation
Lehrerpräsentation mit ausgewählten Schülern (der Lehrer wechselt als Sprecher die Rolle vom Fragenden zum Antwortenden).

(A oder B):　　　„*Salvete! A et B sumus. Qui estis?*“
(C, D oder E):　„*Salvete! C sum. (Geste zu den Partnern) D et E sunt.*“

2. Phase: *Ambulatio*
Die Gruppen gehen frei durch den Raum und stellen sich den anderen Paaren vor.

Tipps
– Zunächst sind Gesten sehr wichtig: Ermutigen Sie die Schülerinnen und Schüler, mit den Händen ihre Aussage zu unterstützen und dabei im Singular mit einer Hand, im Plural mit zwei Händen zu arbeiten.

– ‚*Caius Caecus*‘: Versuchen Sie's – wenn die Schüler sich schon kennengelernt haben – zum Üben einmal im Stuhlkreis mit geschlossenen oder verbundenen Augen. Die Gefragten dürfen schwindeln und der Fragende muss anhand der Stimme erkennen, ob der Name stimmt oder nicht: „*X non es. Y es.*“. Wer beim Schwindeln ertappt wird, übernimmt die Rolle des Fragenden.

– Zur Festigung der ersten und dritten Person (und ggf. der Namen neuer Mitschüler) eignet sich die Beschreibung eines Klassenfotos. Es kann im Unterricht gemacht und elektronisch zur Verfügung gestellt werden. Nach einem Ausdruck wird mit Pfeilen beschriftet. Die Ergänzung des Wortes ‚*hīc*‘ lohnt sich.

– Meine Schülerinnen und Schüler mochten auch die Idee eines Stammbaums über drei Generationen. Benötigt werden dazu noch die Wörter ‚*frater*‘ / ‚*soror*‘ / ‚*liberi*‘, ‚*mater*‘ / ‚*pater*‘ / ‚*parentes*‘ und ‚*avus*‘ / ‚*avia*‘. In meinem Beispiel müssen neben den Köpfen nur noch die Namen und die korrekten Formen von ‚*esse*‘ eingetragen werden.

– Zur täglichen Wiederholung empfiehlt sich die Anwesenheitskontrolle mit ‚*adesse*‘.

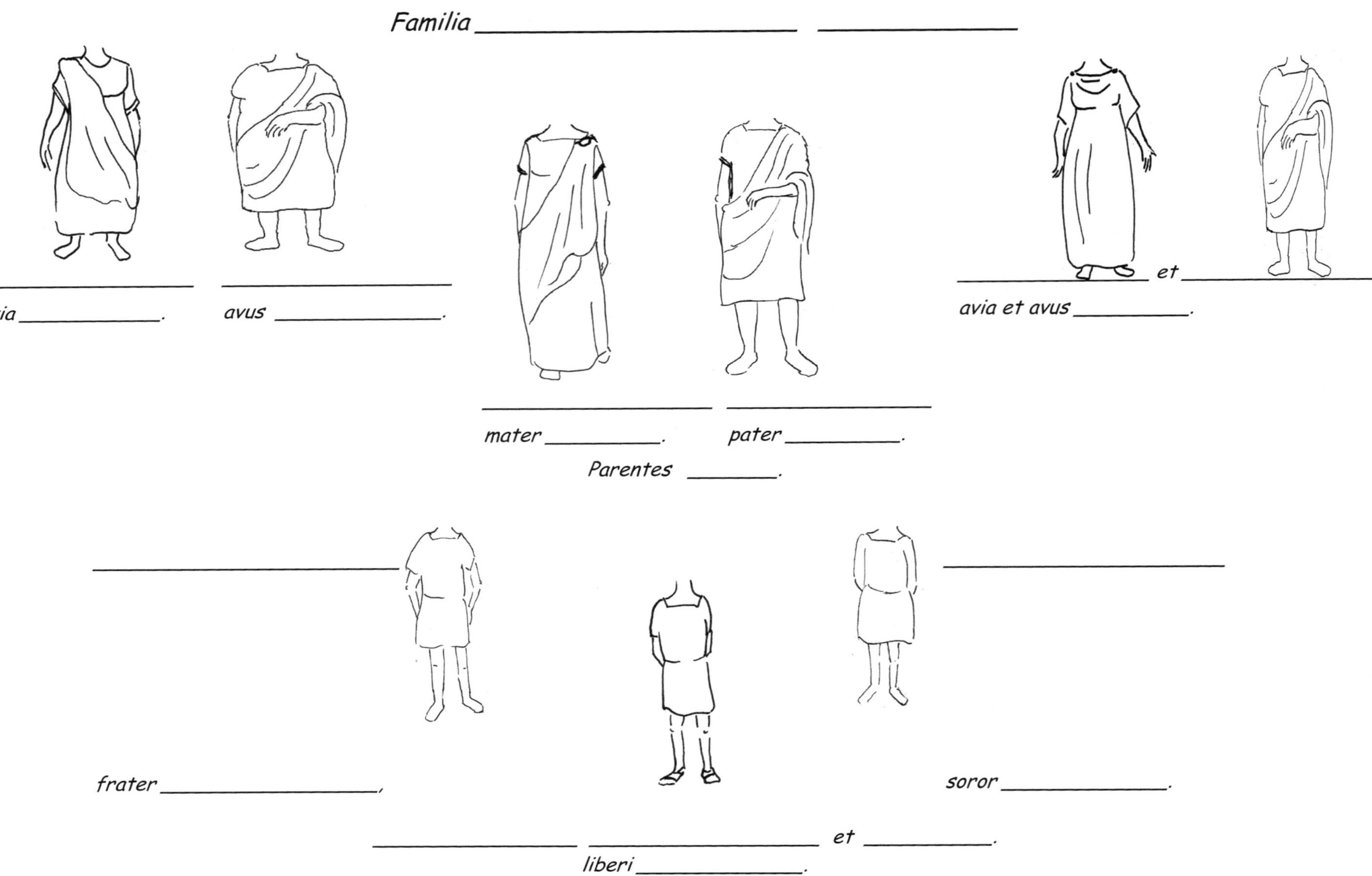

Familia ____________________ ____________
avia ____________.
avus ______________.
____________ et ____________
avia et avus __________.
mater _________.
pater _________.
Parentes ________.
frater ________________,
soror _____________.
________________ ________________ et __________.
liberi _____________.

2. Der Vokativ – Begrüßung

In Lateinlehrwerken wird dem Vokativ meist wenig Aufmerksamkeit geschenkt. Ich stelle ihn hier eher an den Anfang, weil er einen wichtigen Unterschied zum Deutschen vermittelt: die Veränderlichkeit von Endungen.

Jeder kennt die Schwierigkeit, die viele Schüler mit den wenigen verbleibenden Flexionsendungen im Deutschen haben: Begrüßt Herr Müller Herrn Meyer oder umgekehrt?

Die folgende Übung nutzt die Tatsache, dass die Veränderung beim Vokativ sehr begrenzt ist: von -us zu -ĕ und von -ius zu -ī. Gleichzeitig hilft die Reduktion auf lateinische Eigennamen, die den Schülerinnen und Schülern nicht fremd sind.

ZIEL
Die Schülerinnen und Schüler verstehen den Vokativ als Anredeform und wenden ihn situationsgerecht an.

MATERIAL
- Namensschilder mit verschiedenen lateinischen Namen, nach Geschlecht auf rote bzw. blaue Moderationskarten gedruckt. Laminiert sind sie unverwüstlich und können mit Kreppband leicht an der Kleidung befestigt werden.
- Namenslisten zum Download, s. Zugangscode S. 80.

VORBEREITUNG
- Ein Stuhlkreis ist sinnvoll, mindestens aber Raum für Bewegung.
- Die Schüler nehmen sich, sobald sie die Klasse betreten, ein verdeckt liegendes Namensschild in der passenden Farbe und prägen sich den Namen ein.

AKTION
Die Lehrkraft geht umher, fragt die Schülerinnen und Schüler nach ihrem lateinischen Namen und begrüßt sie dann im Vokativ.

(A)   *Salve! Quis es?*
(B)   *Marcus sum.*
(A)   *Salve Marce!*

Diese Variante greift gleichzeitig die bereits gelernten Formen von ‚esse‘ auf.

ALTERNATIVEN (ohne Form von ‚esse‘)
- Variante 1: Die Namensschilder werden angeheftet. Die Lehrkraft zeigt auf einen Schüler, spricht seinen lateinischen Namen aus, geht dann zu ihm hin und begrüßt ihn im Vokativ.

    (A) Ecce Marcus. – Salve, Marce! …

- Variante 2: In aufmerksamen Klassen reicht es völlig, herumzugehen und die Schüler im Vokativ zu begrüßen. Die Namensschilder müssen aber sehr groß und gut lesbar sein.

    (A) Salve, Marce! – Salve, Luci! – Salve, Antonia! …

3. Der Imperativ – Aufforderungen im Klassenzimmer

„Salvete!" – So beginnt häufig auch der ansonsten nicht aktivsprachlich geprägte Latein-unterricht. (In einigen Klassen ist zum Zweck einer respektvollen Begrüßung zuvor noch ein *„surgite!"* vonnöten, wenn jemand noch in seiner Tasche kramt, auch ein *„surge!"*. Das *„assidite!"* oder *„sedete!"* brauchen sie der Schwerkraft wegen weniger.) Und schon haben wir ihn, den Imperativ, quasi in seinem natürlichen Habitat, in einer authentischen Situation, die durch Gestik und Kontext leicht verständlich ist und ständige Wiederholung und Übung garantiert.

> ZIEL
> Die Schülerinnen und Schüler verstehen den Imperativ als Befehlsform in Singular und Plural und wenden ihn situationsgerecht an.

MATERIAL
- ggf. Namensschilder (zur weiteren Festigung des Vokativs)

VORBEREITUNG
- Benötigt wird Raum für Bewegung und zwei freie Plätze. Für die Reproduktionsphase sind Gruppentische oder kleine Stuhlkreise ideal.
- Die Schüler nehmen sich ggf. (zur Festigung des Vokativs), sobald sie die Klasse betreten, ein verdeckt liegendes Namensschild in der passenden Farbe und heften es sich an.

AKTION
1. Phase: Demonstration und Rezeption
   Die Lehrkraft spricht abwechselnd einen bzw. mehrere Schüler an und fordert sie zu Aktionen auf.

   Sind die Verben des Klassenraumvokabulars noch nicht bekannt, empfiehlt sich zunächst eine Reduktion (ggf. auch zunächst auf den Singular) und möglichst aktionsreiche Variation zwischen konsonantischer, a-, i- und e-Konjugation – meine Schüler fanden die Verben ‚*surgere*‘, ‚*ōscitāre*‘ (‚gähnen‘ – die Alternative ‚*clāmāre*‘ war mir zu laut) ‚*venīre*‘ und ‚*sedēre*‘ gut. Durch ‚*venīre*‘ (mit Geste zu einem frei gewordenen Platz) und ‚*sedēre*‘ finden sich Schüler immer auf neuen Sitzplätzen wieder.

2. Phase: Reproduktion
   In kleineren Gruppen (3–6 Schüler) kann mit Tandemkarten geübt werden. Dabei liegt die Tandemkarte mit der beschriebenen Seite nach oben. Handelt es sich um eine Singular-form, agiert nur der, der an der Reihe ist; bei einer Pluralform sind alle gefragt. Die Lösung auf der Rückseite der Tandemkarte garantiert Fehlerfreiheit auch ohne Lehrer.

3. Phase: Produktion
   Ausgehend von der Bildseite der Tandemkarten nennen die Schüler nun selbst den passenden Imperativ.

- Zur schriftlichen Festigung empfiehlt sich ein Lernplakat mit kleinen Strichzeichnungen. Auch ein Test könnte ähnlich aussehen:

- Eine weitere Möglichkeit zur Festigung finden Sie im →Downloadmaterial (Code S. 80).

- Zur Festigung der Vokabeln ist auch das ‚Kofferpacken' eine Variante, bei der alle geistig wie körperlich in Bewegung sind. Dabei kann wahlweise mit dem Singular der rechte Nachbar, mit dem Plural die ganze Gruppe aufgefordert werden, pantomimisch zu agieren. Der jeweils Nächste wiederholt die Aufforderung des Ersten und nennt dazu eine zweite, usw. Hier sind durch die Abwechslung von Singular und Plural alle gleichzeitig gefordert, lernen durch die Verbindung von Sprechen, Hören und Handeln und haben – so meine Erfahrung – eine Menge Spaß.

Verneinter Imperativ

Im modernen Fremdsprachenunterricht werden gern Klassenregeln formuliert. Im Lateinischen bietet der negative Imperativ mit seiner Kombination aus Imperativ *(Noli! / Nolite!)* und Infinitiv die Möglichkeit, den Schülern, die anfangs aus deutscher Gewohnheit zwischen beiden nicht differenzieren, die Unterschiede nahezubringen, ohne sich gleich in Regeln zu verlieren. Auch dazu lassen sich die Tandemkarten verwenden, wenn man die Bilder schlicht durchstreicht und den Text entsprechend anpasst.

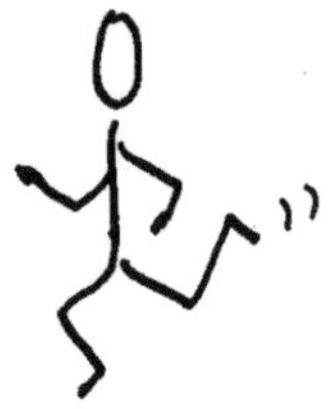

Curre!

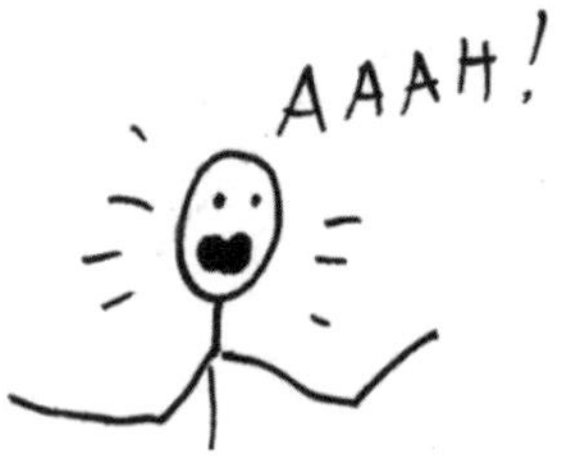

AAAH!

Clama!

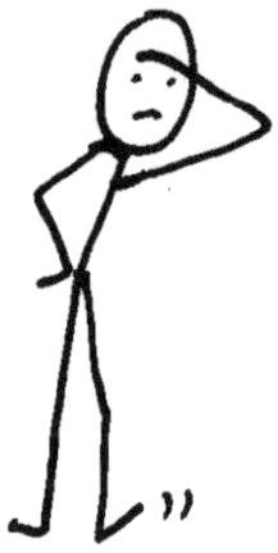

Exspecta!

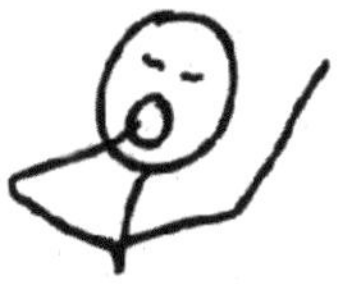

Oscita!

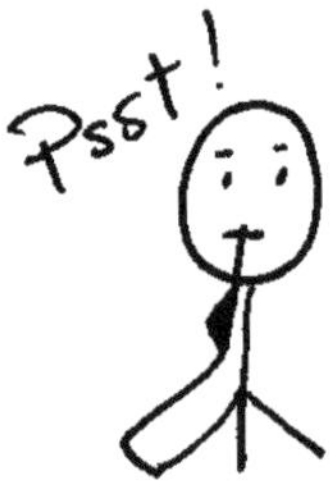

Psst!

Tace!

Lege!

Scribe!

TANDEMKARTEN PLURAL (Erweiterung im →Downloadmaterial, Code S. 80)

Currite!

Clamate!

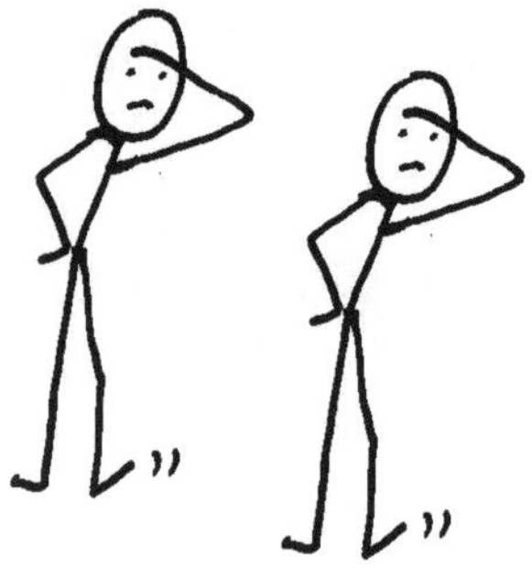	Exspectate!
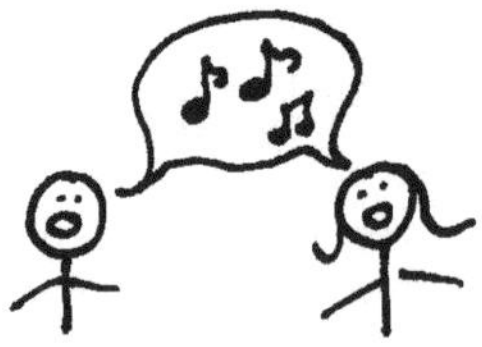	Cantate!
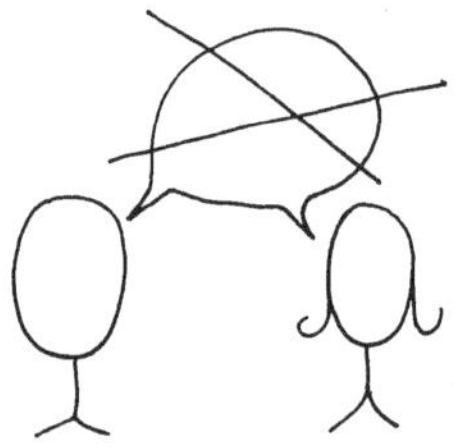	Tacete!
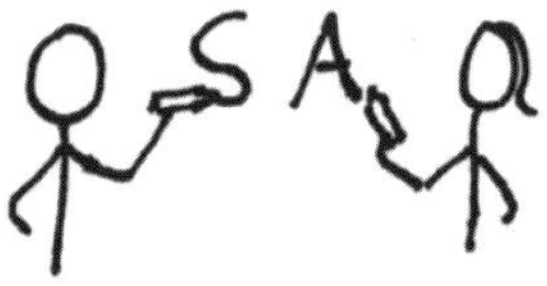	Scribite!
	Legite!

4. Der Nominativ: Singular und Plural – Bildbeschreibung

Da der Nominativ in allen Lehrbüchern der erste Kasus ist, bei dem die starke Flexion des Lateinischen, der Verzicht auf Artikel zugunsten verschiedener Endungen, deutlich wird, ist er ein geeigneter Ausgangspunkt für diejenigen, die sich noch nicht am Vokativ versucht haben.

Aus dem Englischen, das den früher flektierten Artikel auf dem Weg zur Neuzeit eingebüßt hat, ist den Schülern bereits bekannt, dass Singular und Plural anhand der Endung zu unterscheiden sind und dass dies auf unterschiedliche Art und Weise geschehen kann, jedoch nicht.

Begrüßt man die Schüler – etwas unrömisch, aber politisch korrekt – mit *‚Salvete, discipuli discipulaeque!‘*, so haben sie zwar bereits zwei Pluralendungen gehört, aber nicht notwendigerweise verstanden. Man sollte auch lieber zwischen Vokativ und Nominativ differenzieren, um dem Eindruck der Beliebigkeit entgegenzuwirken. Es gibt aber andere Möglichkeiten, z.B. eine Bildbeschreibung.

Als überaus hilfreich erweist sich, dass die Lehrwerke bei aller Unterschiedlichkeit in der Wahl der Verben in den ersten Lektionen immer die dritte Person des Verbs *‚esse‘* in Singular und Plural anbieten. Glücklicherweise ähneln sich dann auch noch das Lateinische *‚est‘* und *‚sunt‘* und deren deutsche Entsprechungen, sodass man sich ganz auf die Flexionsendungen konzentrieren kann. Auch mit *‚ecce!‘* lässt sich gut arbeiten.

Man benötigt nun nur noch ein zum Lektionsthema und -vokabular passendes Bild, auf dem den Schülern bekannte Personen oder Gegenstände in Ein- und Mehrzahl abgebildet sind.

ZIEL
Die Schülerinnen und Schüler verstehen und wenden Singular- und Pluralformen an. Eine Reduktion auf bestimmte Deklinationen ergibt sich in der Regel durch den angebotenen Wortschatz.

VORBEREITUNG
– Vorbereitung von Bildfolien für den Tageslichtprojektor oder Beamer. Nur wenige Lehrbücher bieten bisher Bilder mit einer ausreichenden Anzahl von Sprechanlässen, aber man kann oft Bilder zusammenstellen oder auch mit etwas Mut Strichzeichnungen zum Thema wagen. Auch Schüler übernehmen diese Aufgabe gern.
Das folgende Beispiel arbeitet mit einer Darstellung des Forum Romanum zu verschiedenen Tageszeiten.[12]

---

12 Die Folien sind absichtlich variabel gehalten, sodass Elemente beliebig herausgenommen oder hinzugefügt werden können →Downloadmaterial.

Mögliche Redeanlässe zu Folie 1:

o-Dekl. (m)	*o-Dekl. (n)*	*a-Dekl.*	*kons. Dekl.*
viri	aedificia	puellae	homines
liberi	templa	statuae	senatores
pueri/amici		basilicae	senes
servi		portae	mercatores
		fenestrae	fures
		columnae	mulieres
		pilae	victores
		puellae/amicae	
		tabernae	

AKTION

1. Phase: Rezeption
   Die Lehrkraft nennt und zeigt dabei Elemente der Folie 1 *(forum meridie)* im Singular und Plural.

   (A): ‚Ecce forum. Meridies est. Nunc adest /adsunt …‘

2. Phase: Reproduktion
   Die Schüler reagieren nun auf richtige oder falsche Feststellungen mit *‚Ita.‘ / ‚Recte.‘* und einer Wiederholung des Gesagten oder *‚Minime.‘ / ‚False.‘* und ggf. einer Korrektur.

   (A): Ecce tabernae. (richtig: zeigt auf die Läden)

   (B): Ita! Tabernae sunt.

   (A): Ecce mercatores. (falsch: zeigt auf Frauen)

   (C): Minime! Mulieres sunt.

3. Phase: Produktion
   Die Schüler beschreiben eine veränderte Bildfolie *(Folie 2: forum noctū)*, indem sie feststellen, was bei Nacht auf dem Forum noch zu sehen ist, was fehlt und was neu ist (hier *‚milites‘* und *‚monstra‘*).

   (A): ‚Ecce forum. Nox est. Quae nunc absunt et quae adsunt?‘

   (B): ‚Mercatores absunt.‘

   (C): ‚Monstra adsunt.‘

V ARIANTEN:

1. ,*Turba*': Gruppen von 5 bis 6 Schülern inszenieren – ausgehend von Rollenkarten oder frei – eine 1-minütige Geräuschkulisse, aus der die übrigen Gruppen heraushören und notieren sollen, wer oder was sich gerade an diesem Ort befindet.[13]

2. Bilddiktat mit Fehlern: Der Lehrer beschreibt, was auf dem Bild zu sehen sein soll. Die Schüler ergänzen oder streichen ein vorgegebenes Bild entsprechend, suchen aus mehreren vorgegebenen Bildern ein passendes aus oder fertigen eines als Strichzeichnung an.

3. Tandemkarten, auch in Kombination mit Zahlen, z.B. zur Inventur in der Küche.

T ANDEMKARTEN: Quae in culina sunt ?[14]

	Serva est. Ancilla est.
	Servus est.
	Caseus est.
	Oliva est.
	Amphora est.
	Rattus est.
	Mensa est.

---

13 Auch geeignet ist Klassenraumvokabular: *spongia, cretula, tabula, fenestra, porta, liber, stilus, magister / magistra, discipuli / discipulae* lassen sich sehr gut am Geräusch erkennen und nach Numerus unterscheiden. Vgl. auch das entsprechende Kapitel, S. 71.

14 Noch lebendiger wird es, wenn man Zeichnungen durch Fotografien ersetzt. Weitere Tandemkarten finden Sie im →Downloadmaterial, Zugangscode S. 80.

	Panis est.
	Piscis est.

	Tres servae sunt. Tres ancillae sunt.
	Duo servi sunt.
	Tres casei sunt.
	Decem olivae sunt.
	Sex amphorae sunt.
	Duo ratti sunt.
	Duae mensae sunt.
	Duo panes sunt.
	Quinque pisces sunt.

5. Der Akkusativ – Was sehe ich?

„Ich sehe was, was Du nicht siehst!" – Was läge näher, als den Akkusativ mit einer Bildbeschreibung einzuführen? Aber auch andere Sinne lassen sich einsetzen, denn neben ‚*vidēre*' sind auch ‚*audīre*' und ‚*sentīre*' häufig Teil des bereits eingeführten Vokabulars. Und selbst wenn nicht: Mit entsprechender Gestik sind diese Verben leicht einsprachig einzuführen und bleiben durch ihre Anknüpfungspunkte im Deutschen leicht im Gedächtnis.

> ZIEL
> Die Schülerinnen und Schüler verstehen den Akkusativ und wenden seine Formen in beiden Numeri situationsgerecht an.

VORBEREITUNG
- Für die Demonstrations- und Rezeptionsphase benötigt man eine Folie (‚*Wimmelbild*' zum Lektionsthema)[15] oder Gegenstände (z.B.: beim Thema ‚*cena*' einen Korb voller Lebensmittel oder einen gedeckten Tisch). Ist Vokabular zum Klassenraum eingeführt, reicht auch dieser, wobei man dann leicht auf Nomina der o- und a-Deklination beschränkt ist.
- Für die Reproduktion sollten die Elemente durch Wegnehmen oder Hinzufügen variierbar sein. Außerhalb des Plenums bieten sich Tandemkarten an. Gegebenenfalls müssen ‚*video*' bzw. ‚*audio*' oder ‚*sentio*' durch Gestik vorentlastet werden.

Vorschlag 1: Forum

1. Phase: Demonstration
   Die Lehrkraft zeigt Elemente auf der Folie (s. S. 20) und benennt sie, z.B.:

   A: ‚Ecce forum! Quid video? – Basilicam video.

Mögliche Sprechanlässe zu Folie 1:

o-Dekl. (m)	*o-Dekl. (n)*	*a-Dekl.*	*kons. Dekl.*
viri liberi pueri/amici servi	aedificia templa	puellae statuae basilicae portae fenestrae columnae pilae puellae/amicae tabernae	homines senatores senes mercatores fures mulieres victores

---

15 Gut geeignet sind auch die Forumbilder aus dem Nominativkapitel (S. 20). Mit etwas Mühe findet man auch passende Motive auch in antiken Darstellungen: auf Grabstelen mit Ladenszenen von Schlachtern, Bäckern oder Tuchhändlern zum Beispiel gibt es viel zu entdecken.

2. Phase: Rezeption

In kleinen Klassen oder am Whiteboard: Die Lehrkraft trifft Aussagen, die die Schüler dann auf dem Bild zeigen.

3. Phase: Reproduktion

‚Fehlerbild‘: Auf einer zweiten Folie fehlen einige Elemente oder der Lehrer zeigt gelegentlich auf den Aussagen nicht entsprechende Elemente. Der Lehrer trifft Aussagen, die Schüler reagieren mit ‚*ita*‘ und einer Wiederholung der korrekten Aussage oder mit ‚minime‘ und einer Wiederholung der nun verneinten Aussage, z.B.: ‚*Mercatorem video.*‘ – ‚*Ita. Mercatorem video.*‘ / ‚*Minime. Mercatorem non video.*‘
In einem zweiten Schritt unterscheiden die Schüler in ähnlicher Weise zwischen Singular und Plural.

4. Phase: Produktion

In Partnerarbeit üben die Schüler anhand von Tandemkarten mit Bild- und Lösungsseite (Abb. 2, unten), z.B.:

A (sieht die Lösungsseite): ‚*Quid vides?*‘

B (sieht die Bildseite): ‚*Senatorem video.*‘

WEITERE MÖGLICHKEITEN
– auditive Überprüfung: alle Schüler schließen die Augen. Der Lehrer tippt einen Schüler an und zeigt ihm eine Karte (z.B. mit einem Pferd), die der Schüler dann als Geräusch umsetzt. Die anderen Schüler melden sich, ohne die Augen zu öffnen, und formulieren die Lösungen (‚*Equum audio*‘.). Allein durch inhaltlich falsche Lösungsversuche kommt es zu einer größeren Umwälzung des Stoffes.

– kreative Gruppenarbeit: Führung durch Rom (*Hīc videtis …*). Hier eignen sich auch Filmausschnitte aus Historienfilmen (ohne Ton), die von den Schülern kommentiert werden.

– ‚Kofferpacken‘, bei dem der Schüler jeweils die zuvor genannten Elemente wiederholt und ein eigenes anhängt: ‚*In foro sum. Templum video.*‘ – ‚*Templum et basilicam video.*‘ – ‚*Templum et basilicam et mercatorem video.*‘ etc.

TANDEMKARTEN ZUM AKKUSATIV (Erweiterung im →Downloadmaterial, Code S. 80)

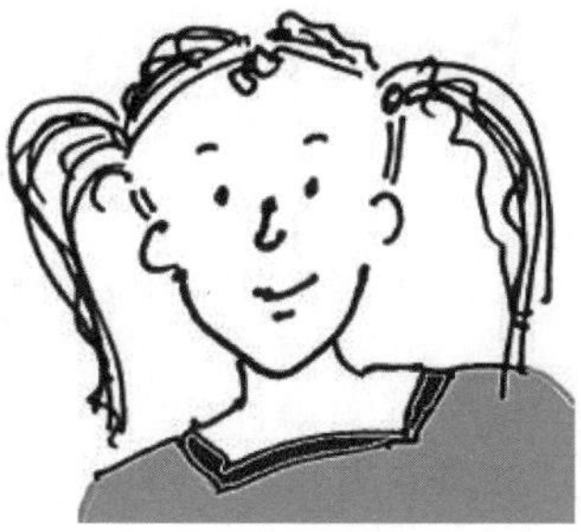	puellam video
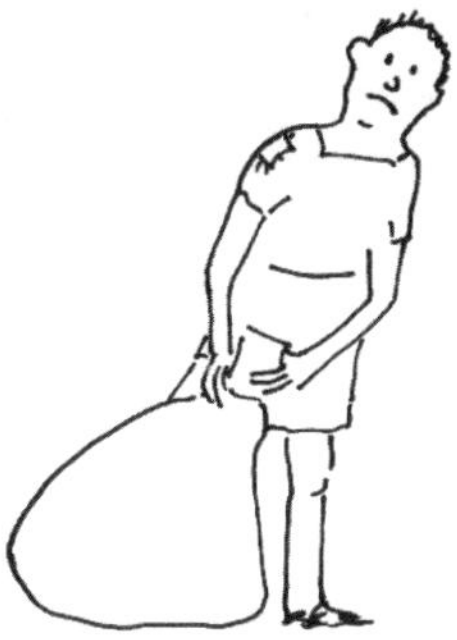	servum video
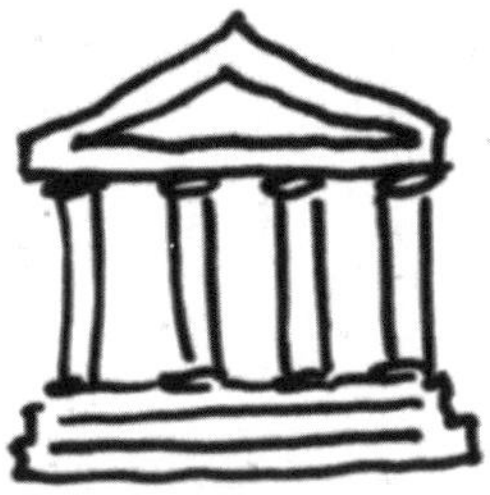	templum video
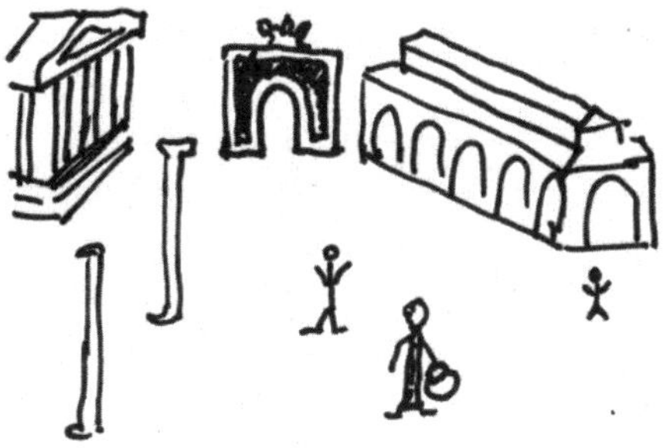	forum video
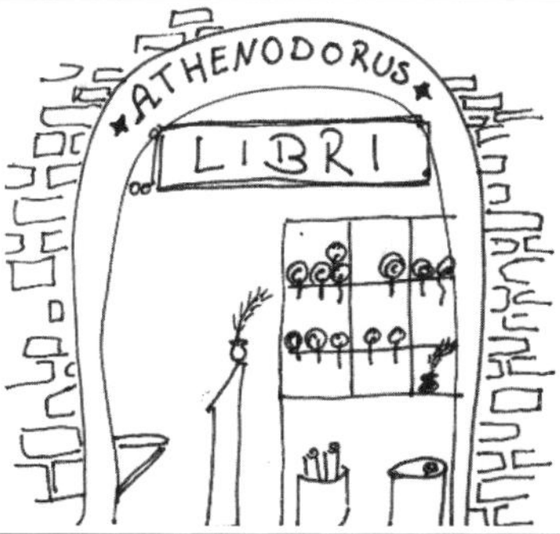ATHENODORUS LIBRI	tabernam video

	bestiam video
	mercatorem video
	mulierem video
	senatorem / virum video
	puellas video

	servos video
	templa video
	tabernas video
	bestias video
	senatores / viros video

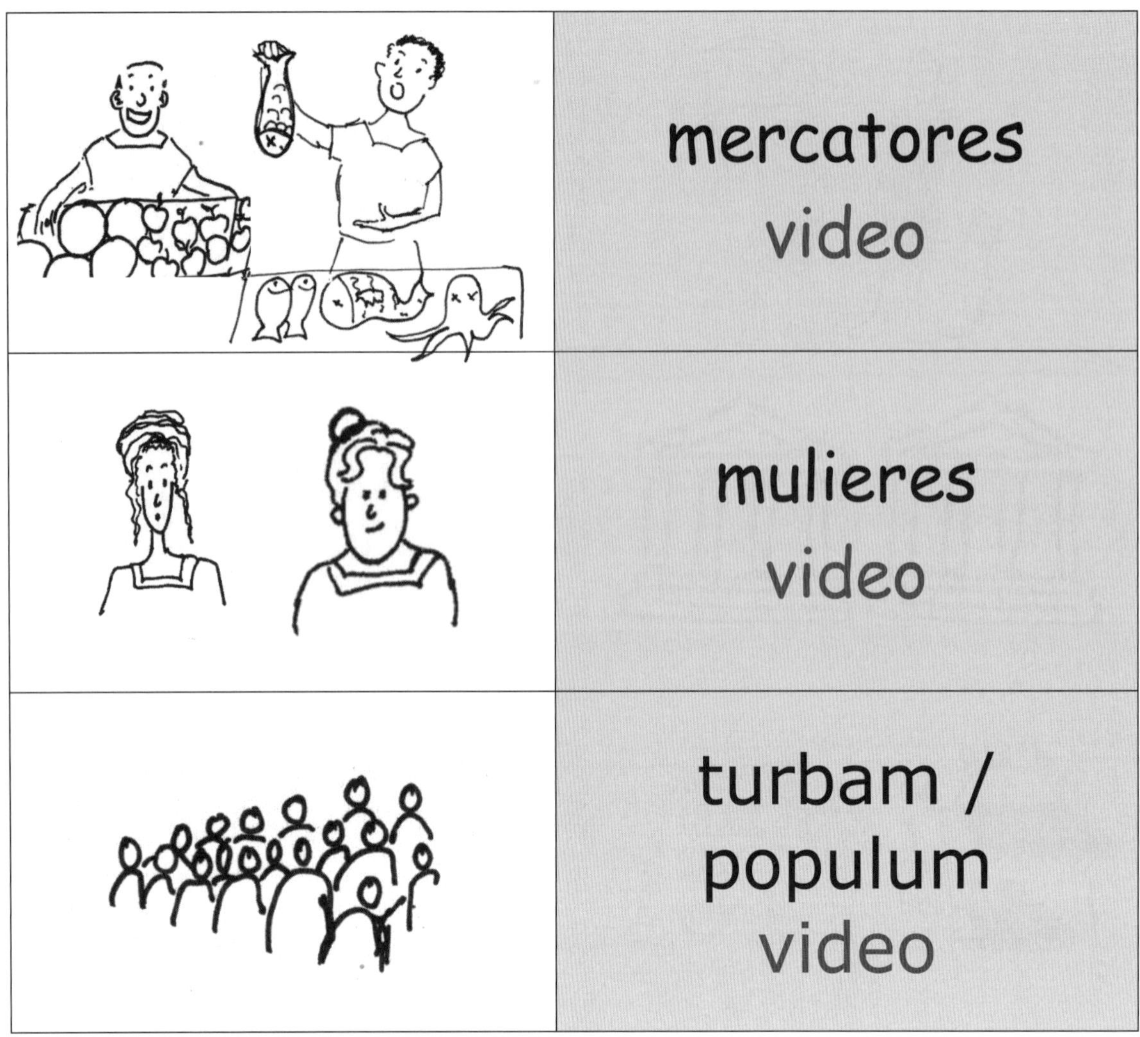

	mercatores video
	mulieres video
	turbam / **populum** video

Vorschlag 2: Cena

1. Phase: Demonstration
   Die Lehrkraft zeigt Elemente auf der Folie und benennt sie, z.B.:

   A: ‚*Ecce! Quid video? – Caseum video.*

Alternativ zur Folie und ungleich motivierender, wenn auch aufwändiger sind mitge-brachte Lebensmittel. Diese können auch nach Ansage von Schülern mitgebracht werden und bieten die Möglichkeit, auch in Übungen in Kleingruppen verwendet und zu einem gemeinsamen Essen genutzt zu werden. Zur Festigung kann man Rezepte auf lateinisch formulieren und illustrieren lassen: ‚*sumo …*‘ statt ‚*man nehme*‘.

Mögliche Sprechanlässe zu Folie:

Video …		
mensam	mālum/māla	os
ollam	pirum	lancem/lances
aquam	ovum/ova	murem/mures
olivam/olivas	frumentum	panem
amphoram	vinum	piscem/pisces
cucurbitam	pullum	
	porcellum	
	saccum	

2. Phase und 3. Phase: Rezeption und Reproduktion erfolgen wie beim ersten Vorschlag (s. S. 25).

4. Phase: Produktion – kleine Verkaufsgespräche
- Tandemkarten (s. S. 33f.) mit einer jeweils individuellen Kombination verschiedener Objekte geben in Vierergruppen Gelegenheit für kleine Verkaufsgespräche. Dabei ist jeder Käufer und gleichzeitig Verkäufer.
- Die Spieler wechseln sich ab. Jeder hält eine Karte so auf der Hand, dass die Bildseite für ihn selbst, die Rückseite nur für die Mitspieler sichtbar ist. Sie dient der Kontrolle, denn so können die Mitspieler jederzeit nachhalten, ob die Formulierung des Spielers korrekt ist.
- Im Dialog entstehen gelungene und misslungene Transaktionen. Bei beiden werden Akkusativformen wiederholt.
- Unten auf der Bildseite befindet sich ein Feld mit den Waren, die der Spieler ‚verkauft‘. Wenn er also nach einer dieser Waren gefragt wird, gelingt die Transaktion, befindet sich das Gefragte nicht unter den im Feld genannten Waren, so wird abschlägig reagiert:

Gelungene Transaktion:

A (Bild ‚Brot‘, 3. Zeile):   *Panem emere cupio.*

B (‚vendo: panem‘, 5. Zeile)   *Optime! Panem vendo.*

A: Gratiās ago! (hakt das Erworbene auf der laminierten Karte ab)

Misslungene Transaktion:

(a)   Spieler A nennt die falsche Form/Vokabel.

(b)   Das Gewünschte ist nicht im Verkaufsfeld unten auf der Karte von Spieler B verzeichnet.

A: *Pirum* (falscher Numerus)/*Māla* (falsche Vokabel) *emere cupio.*

B: *Doleo. Id (Pirum/Māla) non vendo.*

Ziel ist es, alle dargestellten Objekte ‚einzukaufen‘, bevor alle eigenen Produkte ‚verkauft‘ sind. Die Karten eines Satzes ergänzen sich so, dass es für jeden möglich ist, alles zu erwerben. Man muss nur den richtigen Mitspieler ansprechen.

Alternativ können in einer Vierergruppe zwei Spieler als Verkäufer, zwei als Käufer agieren. Welches Paar als erstes alles verkauft bzw. eingekauft hat, gewinnt.

Die Karten ergänzen sich in Vierersets, sind aber auch gemischt als *Ambulatio* spielbar, wenn sich alle Schüler frei in der Klasse bewegen können. (Die Sets 2–4 finden Sie im →Downloadmaterial, Code S. 80.)

Kartenset 1

	Amphoram/vinum emere cupio.
	Caseos emere cupio.
	Panem emere cupio.
	Pira emere cupio.
Vendo: cucurbitam, servos, māla, pisces	

	Frumentum emere cupio.
	Ova emere cupio.
	Cucurbitam emere cupio.
	Piscem emere cupio.
Vendo: servam, panem, mālum, olivas	

	Māla emere cupio.
	Servam emere cupio.
	Porcellum emere cupio.
	Pisces emere cupio.
Vendo: amphoram, ova, pullum, frumentum	

	Mālum emere cupio.
	Olivas emere cupio.
	Pullum emere cupio.
	Servos emere cupio.
Vendo: piscem, caseōs, porcellum, pira	

6. Der Akkusativ mit Präpositionen

Präpositionen werden im modernen Fremdsprachenunterricht natürlich ohne die Problematik verschiedener Kasus als Vokabeln eingeführt. Üblich sind Suchbilder von Häusern oder zumeist unaufgeräumten Zimmern, anhand derer die Position von Dingen oder Personen beschrieben werden sollen – vom Hockeyschläger hinter der Tür bis zur Socke unter dem Bett. Vergleichbare Positionsbeschreibungen würden im Lateinischen zu einer für Schüler irritierenden Mischung aus Akkusativ und Ablativ führen, die den Spracherwerb eher erschweren dürfte. Präpositionen sind aber dennoch auch in der spracherwerbsorientierten Methode ein Thema – nur eben nach Kasus getrennt.

Beim Akkusativ geht es – angesichts der unterschiedlichen Verwendung der Präpositionen im Deutschen – nicht um die Einführung desselben, sondern um eine interessante Möglichkeit zur Übung.

Beim Akkusativ empfiehlt sich eine Wegbeschreibung; die Wege werden anhand der Präpositionen beschrieben: Richtungsanzeigen mit ‚*in*‘, ‚*per*‘, ‚*trans*‘, ‚*praeter*‘, ‚*circum*‘ oder ‚*ad*‘ und Orientierungspunkte mit ‚*ante*‘, ‚*post*‘, ‚*inter*‘, ‚*prope*‘ oder ‚*apud*‘.

Glücklicherweise bietet das antike Rom im Gegensatz zu den Provinzstädten neben den bekannten Gebäuden wenigstens einige ‚Straßennamen‘[16] an, die die Übung der Akkusativformen in der o-, a- und der konsonantischen Deklination[17] erlauben.

Häufig wird in Schulbüchern das Verb ‚*ire*‘ erst spät eingeführt, aber eine Wegbeschreibung lässt sich auch mit ‚*properare*‘, ‚*contendere*‘, ‚*currere*‘ und – zumindest bei der Zielangabe und im Endspurt, dann aber natürlich ohne Präposition – mit ‚*accedere*‘ bestreiten.

ZIEL

Die Schülerinnen und Schüler erfassen die Bedeutungen der Präpositionen aus dem Kontext, nehmen sie in Verbindung mit dem Akkusativ wahr und wenden beides situationsgerecht an.

VORBEREITUNG
- Für die Arbeit im Plenum wird der Stadtplan zunächst in Form einer Folie präsentiert (s. S. 36). Zusätzlich werden zwei verschiedenfarbige Folienpunkte benötigt, mit denen auf dem Stadtplan Start und Zielpunkt variabel bezeichnet werden können. Damit der Punkt ‚wandern‘ kann, sollte er am Ende eines transparenten Folienstreifens liegen, so dass die führende Hand außerhalb des sichtbaren Bereichs liegt.
- Für die Reproduktion kann man entweder selbst Tandemkarten mit vorgezeichnetem Weg und der Wegbeschreibung auf der Rückseite vorbereiten oder die Lerngruppe mit Kopien des Plans ausstatten, in die sie dann selbst Wege einzeichnen und die Wegbeschreibungen jeweils auf einem separaten Blatt notieren können.

---

16 ‚*Vicus*‘ bezeichnet eigentlich eher vage einen Straßenzug, und an Hausnummern war natürlich auch nicht zu denken.

17 Mit dem *Arcus Constantini* und den *Centum Gradūs* zum Kapitol sind auch beide Numeri der ū-Deklination vertreten. Der Singular fällt mangels Abweichung gegenüber der ‚o‘-Deklination natürlich nicht weiter auf, aber wem die ‚100 Schritte‘ zum Kapitol nicht geheuer sind, der sollte sie vermeiden oder mit einem Warndreieck auf der Folie ‚sperren‘ bzw. als Besonderheit ausweisen.

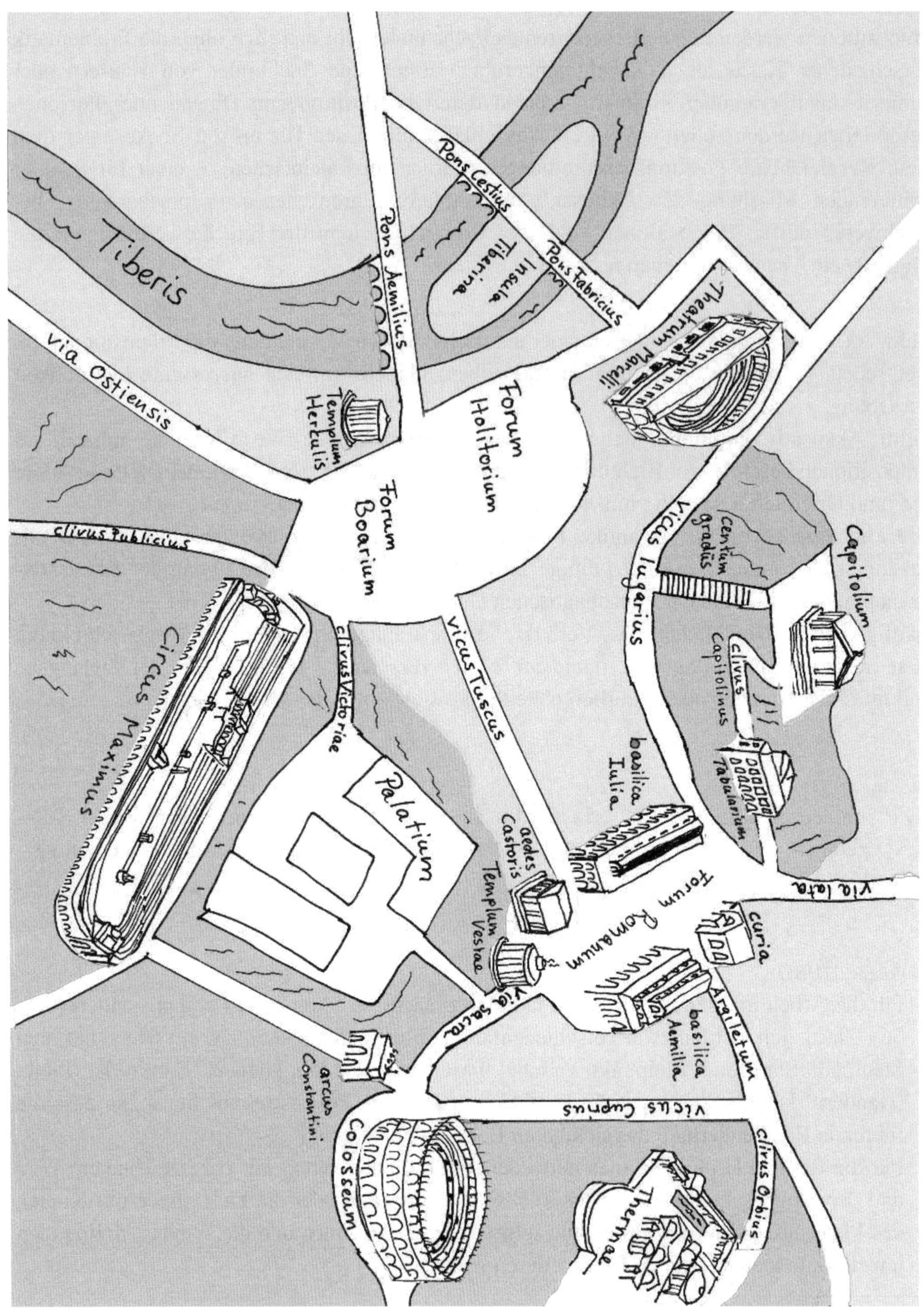

Tiberis
via Ostiensis
Pons Aemilius
Templum Herculis
clivus Publicius
Circus Maximus
Palatium
Forum Boarium
Forum Holitorium
Pons Cestius
Insula Tiberina
Pons Fabricius
Theatrum Marcelli
Vicus Iugarius
Centum gradus
clivus Capitolinus
Capitolium
Tabularium
basilica Iulia
vicus Tuscus
clivus Victoriae
aedes Castoris
Templum Vestae
via Sacra
Forum Romanum
curia
via lata
basilica Aemilia
Argiletum
vicus Cuprius
clivus Orbius
arcus Constantini
Colosseum
Thermae

1. Phase: Demonstration:

Der Lehrer legt den Anfangspunkt auf einen beliebigen Punkt auf dem Stadtplan[18]. Nun bezeichnet er auch das Ziel und legt den zweiten Punkt dorthin. Anschließend beschreibt er den Weg und lässt dabei den Anfangspunkt über den beschriebenen Weg gleiten. Die Wegbeschreibung verwendet im Beispiel die Adverbien ‚primum‘, ‚deinde‘, ‚tum‘ und ‚denique‘, kann aber natürlich auch darauf verzichten.

Die 1. Person Plural vereinfacht die Sache für die Schüler, da sie mit einbezogen sind und nicht zwischen der 1. und 2. Person wechseln müssen.

Beispiel:

(A): *Hīc sumus.* (Anfangspunkt an der Weggabelung links des Tiber)

Ad Thermas ire volumus.

Primum per pontem Aemilium trans Tiberim imus, deinde inter Forum holitorium et Forum boarium in vicum Tuscum, tum inter basilicam Iuliam et aedes Castoris in Forum Romanum et denique post basilicam Aemiliam per Argiletum in Clivum Orbium imus. Nunc thermas videmus/accedimus.

Je nach Lerngruppe kann auch mit einer kürzeren Wegbeschreibung begonnen und der Schwierigkeitsgrad gesteigert werden. Wichtig ist, dass mindestens die üblichen zehn bis fünfzehn Wiederholungen zur Rezeption angeboten werden, damit die korrekte Identifikation der Struktur gewährleistet ist.

2. Phase: Rezeption

Um das Verständnis zu überprüfen, werden nun Beschreibungen von zunehmender Komplexität angeboten und danach abwechselnd passende oder unpassende Zielorte genannt. Die Schüler bestätigen oder korrigieren jeweils die Zielangabe.

Beispiel (korrekt)

(A): *Hīc sumus.* (Anfangspunkt liegt auf dem Colosseum)

Primum per Viam Sacram et Forum Romanum in Viam Latam imus. Deinde post Tabularium per Clivum Capitolinum imus. Nunc Capitolium accedimus/videmus.

(B) *Ita. Capitolium accedimus/videmus.*

Beispiel (falsch)

(A): *Hīc sumus.* (Anfangspunkt liegt auf dem Colosseum)

Primum per Arcum Constantini imus, tum praeter Circum Maximum in Forum Boarium imus. Nunc Templum Vestae accedimus/videmus.

(B) *Minime. Templum Herculis accedimus/videmus.*

3. Phase: Reproduktion

‚Quo eo?‘ Lehrer und ggf. auch bereits Schüler nennen wiederum den Anfangspunkt und eine kurze Beschreibung, die Mitschüler nun den Bestimmungsort.

---

18 Der Stadtplan ist bewusst vereinfacht, um eine visuelle Überforderung zu vermeiden. Selbstverständlich kann man auch vollständige Stadtpläne verwenden.

4. Phase: Produktion
- In dieser Phase beschreiben die Schülerinnen und Schüler entweder mithilfe von Tandemkarten die darauf mit einer Linie bezeichneten Wegstrecken oder ordnen sie Beschreibungen zu. Sie können diese auch individuell selbst herstellen, wobei hier eine Korrektur durch die Lehrkraft sinnvoll ist.
- Eine Variante für Gruppen ist ein Stadtplan, auf der die Standorte verschiedener Personen dargestellt sind (s. S. 40). Während ein Schüler langsam die Wegbeschreibung zu einer der Personen liest, versuchen die anderen Gruppenmitglieder möglichst schnell herauszubekommen, zu wem er unterwegs ist. Um es spannender zu machen, wird der Ausgangspunkt nicht angesagt.

  Die Karten werden an den durchgezogenen Linien ausgeschnitten und an der gestrichelten Linie gefalzt und Rücken an Rücken zusammengeklebt bzw. laminiert. Damit die Lösung beim Vorlesen nicht sichtbar ist, liegen die Karten vor dem Vorlesenden gemischt auf einem Stapel. Die fettgedruckte Lösungsseite bleibt verdeckt. Will jemand lösen, darf er die Lösungsseite für sich sichtbar aufdecken. Ist die Lösung richtig, behält er die Karte. Ansonsten setzt er für den Rest der Runde aus und die restlichen Spieler sind am Zug.

GRUPPENKARTEN:

Per Vicum Tuscum et Forum Boarium imus. Apud templum trans Pontem Aemilium et Pontem Cestium imus. Quem accedimus?	**Titum accedimus.**
Per Argiletum in Forum Romanum imus. Inter Basilicam Iuliam et Tabularium in Vicum Iugarium imus. Quem accedimus?	**Marcum accedimus.**
Praeter basilicās et Aedes Castoris in Viam Sacram imus. Ante Colosseum per Arcum Constantini imus. Quem accedimus?	**Tiberium accedimus.**

Trans Pontem Fabricium circum theatrum in vicum iugarium imus. Deinde praeter basilicam et curiam in Argiletum et tum in Clivum Orbium imus. Quem accedimus?	**Caium accedimus.**
Praeter Capitolium et Tabularium in Viam latam imus. Deinde post curiam in Argiletum et tum in Vicum Cuprium imus. Quem accedimus?	**Sextum accedimus.**
Per arcum Constantini praeter Circum Maximum in Forum Boarium imus. Tum per Clivum Victoriae imus. Quem accedimus?	**Decimum accedimus.**
Per Vicum Iugarium circum theatrum et per fora imus. Post Templum Herculis in Viam Ostiensem imus. Quem accedimus?	**Aulum accedimus.**
Per vicum Tuscum et post basilicam in Forum imus. Deinde praeter curiam in Viam Latam imus. Tum per Clivum imus. Quem accedimus?	**Lucium accedimus.**
Per Clivum Publicium et Forum Boarium imus. Deinde per Clivum Victoriae praeter Palatium in Viam Sacram imus. Praeter templum imus. Quem accedimus?	**Quintum accedimus.**

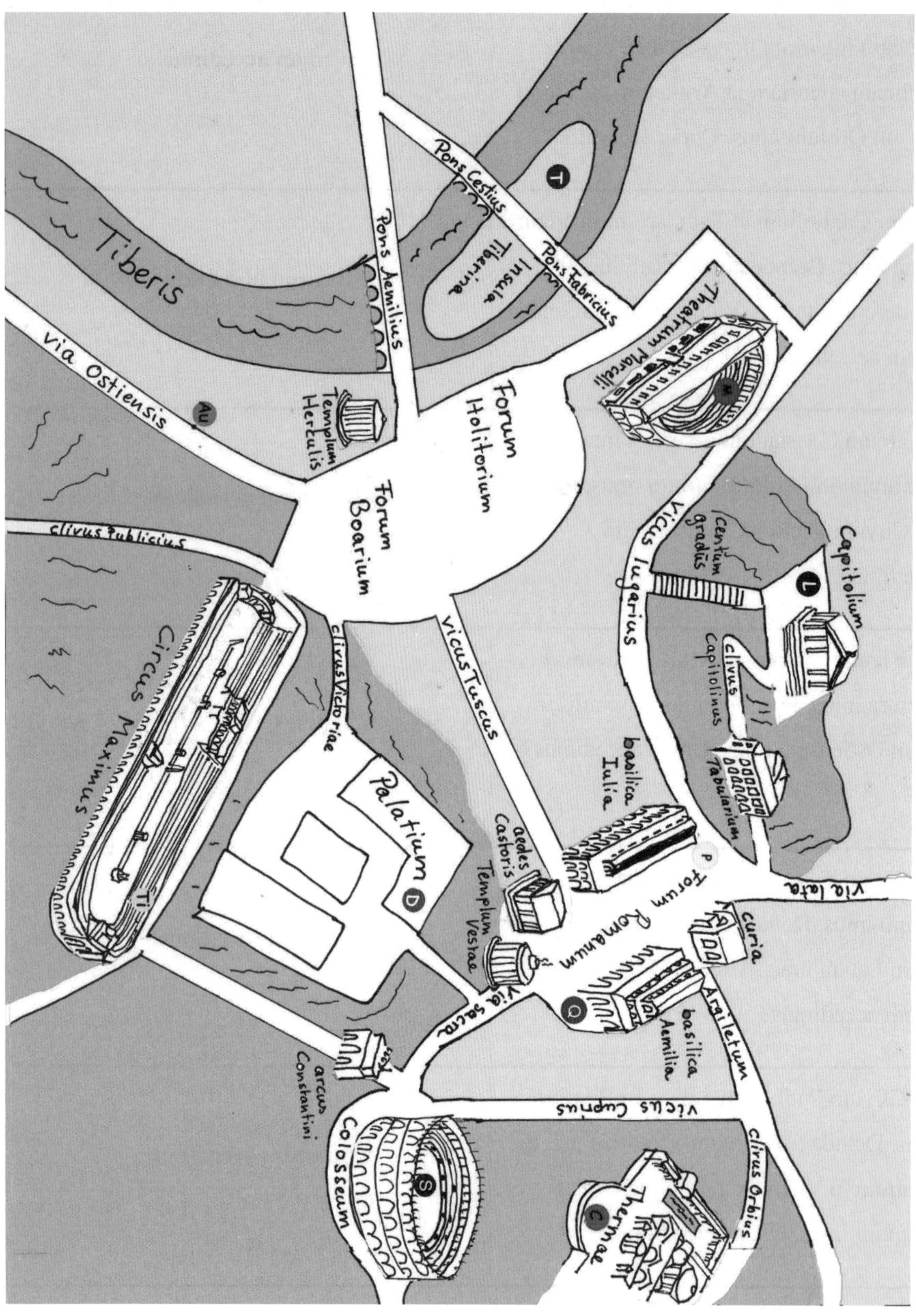

19 Der Einfachheit halber sind die Namen entsprechend den gängigen Gepflogenheiten für männliche Vornamen abgekürzt. Eigene Varianten können auf der Basis der ersten Bildfolie natürlich auch mit vollständigen
Namen gestaltet werden – nicht zuletzt im Sinne der Gleichberechtigung.

7. Der Ablativ mit Präpositionen

Beim Ablativ bieten Präpositionen die Möglichkeit, sich einen Kasus anzueignen, der aus dem Deutschen nicht bekannt und in seiner reinen Form (etwa als *ablativus instrumentalis* oder *causae*) nicht einfach aus der Anwendung zu erfassen ist.

Die Präposition ‚*cum*‘ (später auch ‚*sine*‘) bietet sich an, weil sie – spätestens dank ‚Chili <u>con</u> carne‘ – gut zu merken, aber auch gut pantomimisch darzustellen ist. Zudem trifft ‚mit‘ im Deutschen bereits die instrumentale Funktion, die später hinzukommt, wenn die Formen selbst bereits gelernt sind.

Die Einführung kann am besten spielerisch geschehen, zunächst vielleicht in Form eines Energizers im Plenum, bei dem die Schülerinnen und Schüler zum *Mit*spielen aufgefordert werden. Bei dieser Arbeit kann der Lehrer jederzeit korrigieren; letztlich werden aber die Schüler selbst diese Aufgabe übernehmen, wenn sie z.B. angehalten sind, auf falsche Formen nicht zu reagieren.

> ZIEL
> Die Schülerinnen und Schüler erfassen die Bedeutung des Ablativs aus dem Kontext und wenden seine Formen in beiden Numeri situationsgerecht an.

Vorschlag 1: Handclap skit

Das Spiel ist hier ein einfaches Bodypercussion-Spiel, das nach Belieben ausgebaut oder variiert werden kann. Das Internet bietet hier eine reiche Auswahl.

Im Tischkreis wird das Klatschen auf den Oberschenkeln oder auf dem Tisch ausgeführt. Folgende einfache Sequenz hat sieben Bewegungen:

1. Beide Hände klatschen auf die Oberschenkel
2. Beide Hände klatschen gekreuzt auf die Oberschenkel
3. siehe 1
4. Hände klatschen in der Luft zusammen
5. beide Hände schnipsen
6. siehe 4
7. siehe 1

Nach Bedarf wird der Energizer kurz zusammen geübt. Meist reicht aber die einmalige Demonstration durch die Lehrkraft.

VORBEREITUNGEN
- Es wird ein Stuhl- oder Tischkreis gebildet.
- Namensschilder mit Latein-kompatiblen Namen sind wichtig, damit die Formen im Ablativ gebildet werden können.
- Für eine erweiterte Version mit mehr Nomina der konsonantischen Deklination kann man Namensschilder mit Berufen oder ergänzenden Bezeichnungen kombinieren (z.B. ‚*mercator*‘, ‚*senator*‘, ‚*imperator*‘, ‚*agitator*‘, ‚*gladiator*‘, ‚*miles*‘, ‚*uxor*‘ etc.)

1. Phase: Demonstration und Rezeption

In einer ersten Runde bestimmt die Lehrkraft, wer mitspielt und nennt die Namen. Die Schüler verstehen aus dem Kontext und spielen in dem sich stetig erweiternden Kreis mit. Es empfiehlt sich, männliche und weibliche Namen abwechselnd aufzurufen, damit beide Formen im Ablativ Singular gleichmäßig häufig gehört werden.

Lehrkaft (macht eine Sequenz vor): *Ludo.*
A! Ecce Balbus! (zeigt auf den Schüler mit dem entsprechenden Namensschild.)
Cum Balbo ludo. (fordert den Schüler mit einen Nicken auf, mitzumachen. Beide klatschen die Sequenz gemeinsam.)
Cum Balbo et Antoniā ludo. (Alle drei klatschen die Sequenz gemeinsam.)

2. Phase: Reproduktion und Produktion

Nun sagen die jeweils hinzugebetenen Schüler den nächsten Mitspieler an.
Die Schüler variieren nun, ob sie mit (*etiam cum*) oder ohne (*sine*) jemanden, der schon mitspielt, weiterspielen wollen. Das zwingt die anderen Schüler – auch die, die bereits mitspielen – zur Aufmerksamkeit und variiert die Zahl der Mitspieler.
Um die konsonantischen Endungen hinzuzunehmen, kommen die vorbereiteten Berufe hinzu. Schließlich kann man neben den Erweiterungen durch Berufsbezeichnungen (s.o.) auch ‚*cum puellīs*‘, ‚*cum puerīs*‘ oder ‚*cum omnibus*‘ spielen und damit auch den Plural abdecken.

VARIANTEN
Alternativ funktioniert auch ein Kreisspiel mit einem leichten Ball, der nach Ansage, *mit wem* man spielen will, zugeworfen wird. Man kann durchaus auch andere Verben wählen, z.B. tanzen (*saltare*, bei einer disziplinierten Klasse auch mit leiser Musik). Das von Schülern gern vorgeschlagene ‚*pugnare*‘ ist zwar ein häufigeres Wort, in der Umsetzung aber wahrscheinlich nicht unbedingt zu empfehlen.

Vorschlag 2: Verabredungen: Wo mit wem?
Auch wenn ‚*convenire*‘ das ‚*cum*‘ zu beinhalten scheint, findet es sich leider nur nach-klassisch mit ‚*cum*‘ und Ablativ und wäre eher für eine Übung in Verbindung mit dem Akku-sativ tauglich. Daher wird hier auf eine Konstruktion mit ‚*esse*‘ ausgewichen. Dass bei einer Vorausplanung eher das Futur zu verwenden wäre, wird hier ausgeblendet, jedoch lassen sich Zeitpläne wie dieser wunderbar auch für die Einführung des Futur verwenden (dann auch in Verbindung mit Reiseabläufen und einer Variation von Verben).

VORBEREITUNG:
Folien mit Tageseinteilungen (alternativ auch mit Stundenzählung) zeigen, wo (Folie 1) sich jemand aufhält bzw. mit wem (Folie 2).

FOLIE 1: *Ubi sunt ?*

	PUBLIUS	ANTONIA	PATER
MANE	LUDUS	CUBICULUM	ATRIUM
AD MERIDIEM	CIRCUS MAXIMUS	BASILICA	TEMPLUM
MERIDIE	THERMAE	FORUM	CURIA
DE MERIDIE	PALAESTRA	THERMAE	THERMAE
VESPERE	HORTUS	CUBICULUM	TABLINUM

FOLIE 2: *Ubi sunt et quocum?*

	PUBLIUS	ANTONIA	PATER
MANE	LUDUS FRATER	CUBICULUM MATER & SOROR	ATRIUM CLIENTES
AD MERIDIEM	CIRCUS MAXIMUS AMICI	BASILICA CLODIA & CORNELIA	TEMPLUM FAMILIA
MERIDIE	THERMAE MARCUS & QUINTUS	FORUM AFRA SERVA	CURIA SENATORES
DE MERIDIE	PALAESTRA MARCUS & QUINTUS	THERMAE AMICAE	THERMAE COLLEGAE
VESPERE	HORTUS FRATER & SOROR	CUBICULUM SORORES	TABLINUM SCRIBA

AKTION

1. Phase: Demonstration

   Die Lehrkraft zeigt auf Einträge und benennt sie, wahlweise erst nur mit dem Ort, z.B.:

   ‚Mane Publius in ludo est. Antonia in cubiculo et Pater in atrio est.‘

   Da es sich nicht um Städte handelt, lassen sich die Örtlichkeiten sämtlich mit der Präposition ‚in‘ verknüpfen. Durch die Ähnlichkeit mit der Muttersprache ist der Sinn offensichtlich.

2. Phase: Rezeption

   Die Lehrkraft stellt Verständnisfragen, die durch Nennung der Namen oder der Zeiträume zu beantworten sind, z.B.:
   ‚Quis meridie in foro est?‘ oder
   ‚Quando Antonia in thermis est?

3. Phase: Reproduktion

   Nun werden wahre oder falsche Aussagen getroffen, die bejaht und wiederholt bzw. verneint und dann ggf. richtiggestellt werden, z.B.:

wahr: - *‚De meridie Publius in palaestrā est.‘*

    - *‚Ita. De meridie in palaestrā est.‘*

falsch: - *‚Publius de meridie in thermis est.‘*

    - *‚ Minime. In palaestrā est. / Antonia / pater in thermis est.‘*

4. Phase: Produktion

Lehrkraft und zunehmend auch Schüler stellen Fragen zur Folie, die mit der Form im Ablativ beantwortet werden, z.B.:

‚Ubi pater vespere est?‘ – *‚In tablino est.‘*

In Kombination mit der jeweiligen Begleitperson (Folie 2) lassen sich weitere Übungen anschließen.

ERWEITERUNG: Akkusativ und Ablativ

1. Straßenplan

Sind die Ablativendungen bereits eingeführt, kann man den römischen Straßenplan (s.o.) auch zum Kontrastieren der Präposition *‚in‘* mit Akkusativ und Ablativ nutzen, indem ausgehend von einem von der Lehrkraft vorgegebenen Startpunkt abwechselnd die Richtung und die anschließende Position angegeben werden, die dann wiederum Ausgangspunkt für die nächste Etappe wird.

2. Bilder und Präpositionen

Aufgabe: Ordne dem Bild die jeweils passenden Präpositionen zu!

(Schreibe diejenigen mit Akkusativ in blauer, die mit Ablativ in roter Farbe!)

Meine Erfahrung zeigt, dass die Verknüpfung von Bildern und Wortschatz von den Schülern nicht nur gern angenommen sondern auch sehr kreativ in eigenen Bildern umgesetzt wird. [20]
So ernten Vokabeltests, in denen Bilder beschriftet werden, nicht zuletzt aufgrund der Motivation gute Ergebnisse. Ob mit einer einfachen Strichzeichnung oder anhand einer Fotografie – Präpositionen lassen sich so hervorragend abfragen.

---

20 Eine Zeichnung von Johanna Prediger finden Sie im Downloadmaterial.

8. Genitiv – Wessen Toga ist das?

Will man nicht gleich mit dem *genitivus obiectivus* ins Haus fallen, bietet sich beim Genitiv natürlich das Attribut als Anzeige von Zusammengehörigkeit oder Besitz an, zumal der Genitiv in dieser Funktion dem deutschen Gebrauch am ähnlichsten ist. Das Verständnis selbst wird demnach eher unproblematisch sein.

Da Probleme am ehesten mit der deutschen Übersetzung und dem Vermeiden der umgangssprachlichen Ersatzkonstruktion mit ‚von' vorkommen, ist das Übersetzen und eine relativ frühe Kognitivierung in meinem ersten Vorschlag ausnahmsweise mit eingeplant. Es ist also bis auf das anfängliche Hörverstehen eine eher klassische Einstiegsvariante.

Vorschlag 1: Bildergeschichte

ZIEL
Die Schülerinnen und Schüler verstehen hörend im Zusammenhang einer Bildergeschichte die verschiedenen Formen des Genitivs, ordnen die Formen zu und übersetzen.

VORBEREITUNG
- Bildfolien der Bildergeschichte werden mit abgedecktem Text bereitgelegt, ebenso Kopien der gesamten Bildergeschichte für die weitere Arbeit (s. S. 46, für die Einzelbilder s. →Downloadmaterial, Code S. 80).

AKTION
1. Die Bilder der Bildergeschichte werden nacheinander aufgelegt, sequenziert aufgedeckt und der entsprechende Text vorgetragen.

2. Im Anschluss wird die Geschichte erneut vorgetragen. Die Schüler dürfen dabei den lateinischen Text während des Vortrags ergänzen, soweit sie sich erinnern. (Meine Schüler begrüßen dabei immer die Möglichkeit, ohne Meldung zu agieren. Ich bin jedes Mal erstaunt, woran die Schüler sich erinnern.)

3. Nun werden die ersten beiden Folien im Plenum spontan übersetzt. (Alternativ werden die Bilder und Texte gemischt an die Tafel gehängt und einander ohne Übersetzung zugeordnet.)

4. Die verbleibende Übersetzungsarbeit leisten die Schüler in Kleingruppen. (Die Kontrollfunktion ist hier meist besser als in Partnerarbeit.)

5. Anschließend darf kognitiviert werden: Das Thema wird geklärt und die neuen Endungen werden herausgearbeitet. Zur Formenübung schließt sich eine Fortsetzung der Geschichte an.

KOPIERVORLAGE BILDERGESCHICHTE

Marcus Aquilius Florus

hodie in thermis est.

Senator aquam frigidarii non amat.

Aqua tepidarii placet!

Sed clamor puerorum non placet.

Senator sudatorium intrat.

Sed flos senatoris

sudatorium non amat.

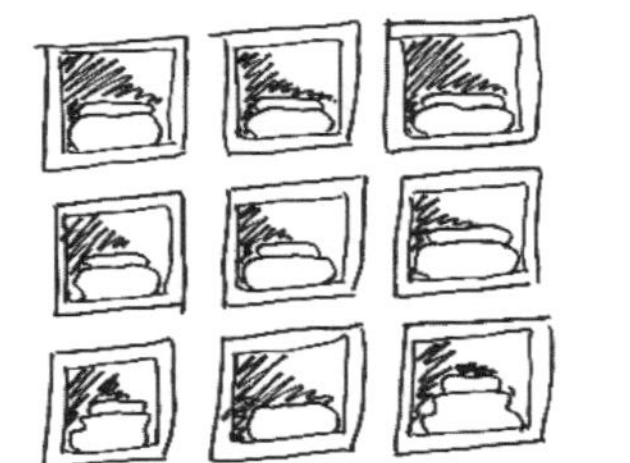

Senator thermas relinquere vult.

Vae! Vae! Ubi est toga senatoris?

Vestes Marci Aquilii Flori in apodyterio sunt ...

... et vestes Rutilii, ...et Lucii:

vestes mercatorum et puerorum.

Ecce copia tunicarum et togarum!!!

Arbeitsblatt zum Genitiv

Trage die passenden Genitivendungen aus dem Kasten ein und übersetze!

Lucius amicus Ati___ est.

Atiam ad portam basilic___ exspectat.

Ibi tabernae mercator________ sunt:

taberna Anc____ mercator____

et taberna Fortunat____ mercator____.

Fortunatus vinum vendit: Mercator vin____ est.

Ancus vestes vendit ...

... tunicas puer________ et puell________,

... vestes mulier________

... togas senator________.

Sed quid est?

Ecce etiam toga Marc___ Aquili___ Flor___!

Endungen

-um

-um

-um

-orum

-is

-is

-i

-i

-i

-i

-i

-i

-arum

-ae

-ae

-ae

Vorschlag 2: Familienangehörige

ZIEL

Die Schülerinnen und Schüler verstehen und wenden den lateinischen Genitiv im Zusammenhang an.

VORBEREITUNG
- Bildfolien Familia A und Familia B (koloriert, wenn gewünscht)
- Tandembögen
- Einführung der wichtigsten Verwandschaftsbezeichnungen *(avus/avia, pater/mater; maritus/uxor, filius/filia, frater/soror)*, Bezeichnungen von Bediensteten *(servus/serva,* ggf. *libertus)* und Haustieren *(canis/felis)*

AKTION

1. Phase: Demonstration und Rezeption
Bei angeblendeter Bildfolie Familia A stellt die Lehrkraft die dort dargestellten Familienangehörigen dreier Generationen inklusive Sklaven und Haustier vor, zeigt dabei auf die Bilder und verwendet den Genitiv, um die Beziehungen zwischen Eltern, Kindern, Großeltern, Eheleuten etc. zu benennen (s.u., Sprechanlässe).
Dann definiert die Lehrkraft einzelne Familienmitglieder und die Schüler nennen den dazugehörigen Namen, um ihr Verständnis der Form zu zeigen, z.B.:

(A): Quis est maritus Laviniae?
(B): Marcus Fannius Pius senator est.

2. Phase: Reproduktion
Im folgenden Schritt unterscheiden die Schüler richtige und falsche Aussagen. Dabei werden richtige Aussagen zur Übung der Formen immer wiederholt. Falschaussagen können bereits unter Verwendung des Genitivs korrigiert werden, z.B.:

(A): Blossia filia Laviniae est. (falsch)
(B): Minime! / false! Blossia filia Semproniae est.

(A): Murmurillo felis familiae est.
(B): Ita! / Recte! (Murmurillo) felis familiae est.

3. Phase: Produktion
Die Schüler bekommen einen Tandembogen, auf dem jeweils einige Namen fehlen.[21] Ausgehend von den zur Verfügung stehenden Informationen lösen die Partner den Tandembogen (s. S. 50/51).

---

21 Ideal: beidseitig bedruckt und laminiert, sodass keiner die Seite des Partners sieht, jeder aber mit wasserlöslichem Folienstift die Namen notieren kann.

Lavinia
M. Fannius Pius
senator
L. Blossius Macer
mercator
Sempronia
C. Fannius Naso
senator
Blossia
Publius Fannius
Quintus Fannius
Fannia maior
Fannia minor
Felix
servus
Murmurillo
felis
Lydia
serva

Ecce familia Fanniorum!

Hīc est C. Fannius Naso senator.

C. Fannius Naso est	filius Laviniae. filius Marci (Fannii Pii senatoris). pater Publii et Quinti Fannii. pater Fanniae maioris et Fanniae minoris. dominus Felicis servi et Lydiae servae.
Lavinia et Marcus sunt	parentes Gai (Fannii Masonis senatoris).
Lavinia est	uxor Marci. mater Gai (Fannii senatoris).
M. Fannius Pius est	maritus Laviniae. pater Gai (Fannii Nasonis senatoris).
Blossia est	uxor Gai (Fannii Nasonis senatoris). filia Lucii Blossii Macri mercatoris. filia Semproniae. mater Fanniae maioris et Fanniae minoris. domina Felicis servi et Lydiae servae.
L. Blossius Macer est	maritus Semproniae. pater Blossiae. avus Publii, Quinti, Fanniae maioris et Fanniae minoris.
Sempronia est	uxor Lucii Blossii Macri mercatoris. mater Blossiae. avia Publii, Quinti, Fanniae maioris et Fanniae minoris.
Publius / Quintus est	filius Gai (Fannii Masonis senatoris). filius Blossiae. frater Quinti / Publii, Fanniae maioris et Fanniae minoris.
Fannia maior / minor est	filia Gai (Fannii Masonis senatoris). filia Blossiae. soror Quinti, Publii et Fanniae minoris / maioris.
Felix est	servus Fanniorum.
Lydia est	serva Fanniorum.
Murmurillo est	felis Fanniorum.

T. Lollius Adiutor
advocatus
Pomponia
D. Lollius Flavus
advocatus
Cornelia
Aulus Lollius
Lollia minor
Germanicus

Aurelia
M. Cornelius
Caecus
D. Lollius Flavus
advocatus
Cornelia
Sextus Lollius
Lollia maior
Horridus
canis

- Farben: Eine Erweiterung der Sprechanlässe für spätere Übungen lässt sich erreichen, wenn man die Kleidung der Personen farbig ausmalt.

  Bei den Farben sollte man sich bei aller Vielfalt der dem Römer geläufigen Farbschattierungen auf wenige Basis-Adjektive beschränken, z.B.:

weiß	albus	rot	ruber
schwarz	niger	blau	venetus
canus	grau	grün	viridis
bunt	varius	gelb	flavus

Vorschlag 3: Besitzverhältnisse – Regal des Tuchhändlers

Die Farben sind auch geeignet, wenn man von reinen Besitzverhältnissen ausgeht. In meinem Beispiel sind es die Farben der Tuniken und Togen auf den Regalen eines Tuchhändlers / einer Wäscherei[22].

---

22 Zum Ausmalen. Ein Farbvorschlag befindet sich im →Downloadmaterial, Code S. 80.

Vorschlag 4: Kleidung der Schüler
Arbeiten Sie mit Farben, Schülern und Klasseninventar!

Vorbereitung
- Die Schüler heften sich lateinische Namensschilder an.
- Die Bezeichnungen der Farben und gegebenenfalls die Bezeichnungen für Kleidung
  werden geklärt.

T-Shirt oder Oberteil:	*tunica*
Hosen:	*bracae*
Kleidungsstück/Kleid:	*vestis*

weiß	*albus*		*rot*	*ruber*
schwarz	*niger*		*blau*	*venetus*
canus	*grau*		*grün*	*viridis*
bunt	*varius*		*gelb*	*flavus*

Aktion
1. Phase: Demonstration und Rezeption
   Die Vorgehensweise gleicht der von Vorschlag 2. Zunächst zeigt die Lehrkraft auf Klei-
   dungsstücke / Gegenstände, die den Schülern gehören und benennt sie unter Verwendung
   des Genitivs.

2. Phase: Demonstration und Reproduktion
   „Richtig oder falsch?" – Die Schüler bestätigen oder korrigieren Aussagen.

3. Phase: Produktion
   „Ich sehe was, was Du nicht siehst." – Ein Schüler benennt eine Farbe.

   (A): „Video aliquid viride. Quid est?"

   (B): „Estne tunica Marci?"

   (C): „Suntne bracae Titi?"

   (D): „Estne vestis Antoniae?"

   … so lange, bis die Lösung genannt wird. Der Gewinner ist als nächster an der Reihe.

Übung
Zur Übung eignen sich wieder Tandemkarten (s.u. – ohne Zeichnungen als Nominativ-
Genitiv-Tandemkarten leicht passend zum Lehrbuch zu produzieren.), aber auch ein Activity-
Spiel, bei dem Begriffspaare pantomimisch, erklärend oder zeichnerisch innerhalb von 30
Sekunden dargestellt und geraten werden müssen.

tunicae	Ecce, tunicae **servorum**.
stolae	Ecce, stolae **mulierum**.
cubiculum	Ecce, cubiculum **puerorum**.
pecunia	Ecce, pecunia **mercatoris**.
pila	Ecce, pila **Publii**.
servus	Ecce, servus **Anci**.

9. Der Dativ – Was schenke ich wem?

„Wem gebe ich etwas?" – was liegt näher, als den Dativ mit einer Geschenkaktion einzuführen? Das Verb *,dare'* ist neben *,praebere'* und *,vendere'* in den Lehrbüchern am häufigsten anzutreffen, wenn es um den Dativ geht. Es ist leicht pantomimisch darzustellen und kurz genug, um nicht von den Formen abzulenken.

Bei den Substantiven ist eine Reduktion auf a-, o- und konsonantische Deklination sinnvoll, zumal es hier darum geht, Personen etwas zu geben. Die u- und die e-Deklination bieten sich hier eher nicht an. Da die Endungen aber im Dativ ohnehin denen der konsonantischen Deklination ähneln, werden sich bei einer späteren Erweiterung keinerlei Schwierigkeiten ergeben.

Die Schülerinnen und Schüler verstehen den Dativ hörend und wenden ihn im Dialog seiner Funktion entsprechend an.

VORBEREITUNG

- Zu Anfang der Stunde bekommt jeder Schüler eine Namenskarte (vgl. Material zum Vokativ) und heftet sie gut sichtbar an.

- Vier Rollenkarten (Din A4) mit Bild (passend zur a/o und zur konsonantischen Deklination, passend zum Vokabular des Lehrbuchs[23], z.B. *,mercator'*, *,servus'*, *,puella'* und – um das Neutrum nicht zu vernachlässigen und ein bisschen Humor hineinzubringen – ein *,monstrum'*), werden an vier Schüler verteilt, die zunächst vorn stehen bleiben und das Schild vor sich halten.

ROLLENKARTEN

- mercator   servus   puella   monstrum

- Benötigt wird außerdem ein großer, bunter oder mit Geschenkpapier beklebter Karton (günstig sind vorgefertigte Kartons mit abnehmbarem Deckel) und breites Geschenkband für eine auffällige Schleife. Der Karton wird für die Gruppenphase mit kleinen Geschenkkartons bestückt – einem pro fünf Schüler. Sie sollten, um die im Laufe der Aktion aufgebaute Erwartungshaltung nicht zu enttäuschen, mit etwas Süßem befüllt werden.

---

23 Einige Lehrbücher führen Personen oder auch Haustiere mit wiedererkennbaren Bildern ein, die man hier gut verwenden kann. Vornamen bieten sich allerdings eher nicht an, da dann Neutrum und Plural fehlen würden. Die Rollenkarten im A4-Format finden Sie im Downloadmaterial (s. Code S. 80).

Unter die Schleife jedes kleinen Kartons werden je fünf Rollenkarten (Tandemkarten) gesteckt (je eine pro Dativendung: a-Deklination Singular, o-Deklination Singular, konsonantische Deklination Singular, a/o-Deklination Plural, konsonantische Deklination Plural). Die Vorderseiten zeigen den Nominativ, die nur für den Besitzer der Rollenkarte sichtbare Rückseite den Dativ.

- Möchte man auf eine Kognitivierung nicht verzichten, sollte man ein schön verziertes Schild mit der Aufschrift ‚Dativ‘ im großen Karton unterbringen.

AKTION

1. Phase: Demonstration und Rezeption

Die Lehrkraft hält den Geschenkkarton in die Klasse und überlegt in lateinischer Sprache, wem sie das Geschenk geben will:

Ecce donum!   (hält das Geschenk hoch und guckt verheißungsvoll in die Runde)

Donum dare volo.[24]   (hält das Geschenk nach vorn, zu den Schülern hin)

*Sed . . . **cui** do? **Cui** praebeo?*   (mimt Ratlosigkeit)

Mercatori[25]*?*   (hält es dem Schüler mit der Rollenkarte ‚*mercator*‘ hin).

Mercatori non do.   (winkt ab)

*Mercator**ibus** donum dare nolo.*   (schüttelt den Kopf)

*Mercator**ibus** semper pecuniam dare debeo!*   (macht Geste für ‚Geld‘)

Davo servo?   (hält es dem Schüler mit der entsprechenden Rollenkarte hin)

Davo servo certe placet.   (zeigt erhobenen Daumen und lächelt)

Sed Davo servo donum dare non possum. (schüttelt den Kopf)

Dominus dicit: ‚Servīs dona dare non debes!‘.   (erhebt den Zeigefinger und ahmt den strengen Tonfall des Herrn nach.)

Puellae?   (hält es der Schülerin mit der entsprechenden Rollenkarte hin)

Puellae certe placet.   (zeigt erhobenen Daumen und lächelt)

Sed puellae iam donum est.   (zeigt auf das Geschenk auf der Rollenkarte.)

Puellae donum non do.   (schüttelt den Kopf)

Monstro?   (lacht und schüttelt den Kopf)

Monstro non do.

Discipulīs do.   (hält es den Schülern der Klasse hin: Es folgen die lateinischen Schülernamen, während die Lehrkraft den entsprechenden Personen das Geschenk hinhält.)

---

24 Wenn ‚*velle*‘ und ‚*nolle*‘ noch nicht eingeführt worden ist, verwendet man alternativ nur die Form von ‚*dare*‘.

25 Um die Aufmerksamkeit nicht abzulenken, fehlt hier ausnahmsweise, aber umgangssprachlich durchaus vertretbar, die Fragepartikel -*ne*.

2. Phase: Reproduktion

Nun werden beim Schenken Fehler eingeflochten, indem z.B. falsche Namen mit der Handlung verknüpft werden. Die Schüler zeigen durch ihre Bewertung (‚ita‘ / ‚minime‘ bzw. ‚recte‘ / ‚false‘) und – optional – durch Korrekturvorschläge ihr Verständnis.

3. Phase: Koginitiverung

Das Geschenk wird ausgepackt. Zur Kognitivierung kann man jetzt bereits das Schild ‚Dativ‘ aus dem Geschenkkarton holen – natürlich nicht, ohne vorher den Schülern eine Chance gegeben zu haben, das Thema selbst zu benennen. Mithilfe der Rollenkarten kann man das Tafelbild entsprechend den Deklinationen und Genera aufbauen. Es lohnt aber, damit bis zum Schluss zu warten.

Mögliches Tafelbild:

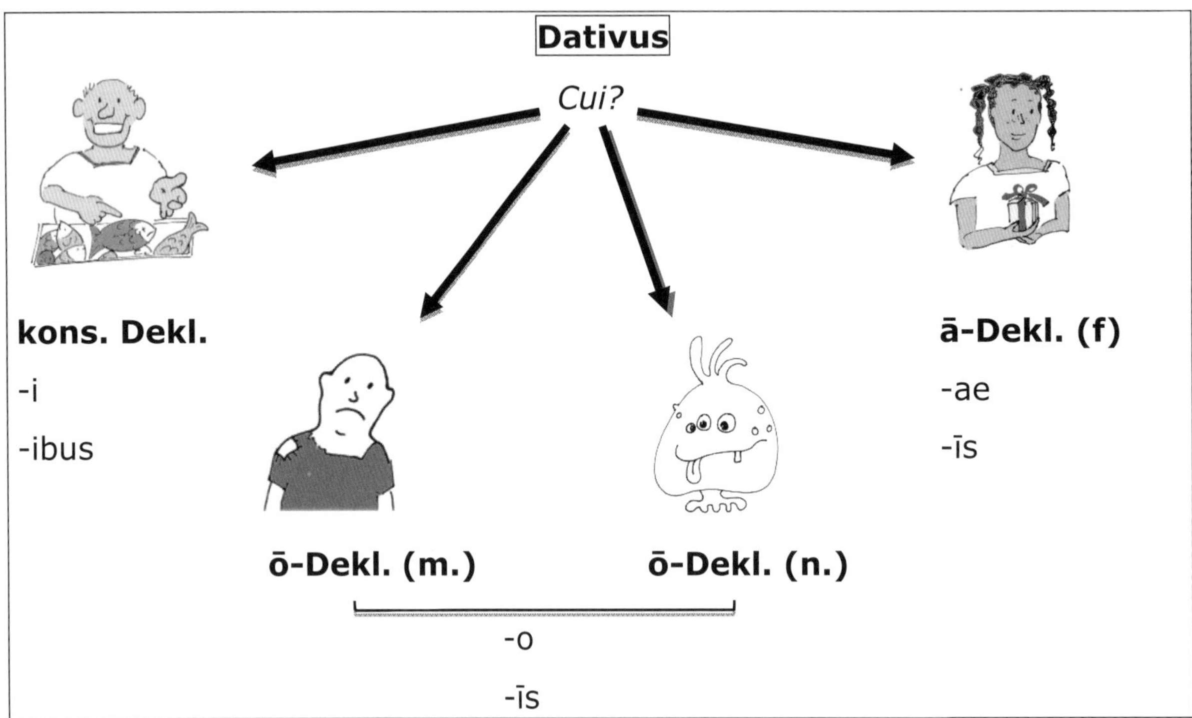

4. Phase: Produktion

- Nun werden Gruppen gebildet (ideal für fünf verschiedene Endungen: fünf Schüler), von denen jede Gruppe eines der kleinen Geschenkpäckchen erhält.
- Jeder Gruppenteilnehmer bekommt eine Rollentandemkarte, auf der vorn eine Nominativform und auf der Rückseite der zugehörige Dativ steht. Die anderen Gruppenteilnehmer sehen natürlich nur die Nominativseite.
- Das kleine Geschenkpäckchen wird in der Gruppe so lange ‚weitergeschenkt‘, bis jeder alle Formen korrekt gebildet hat:
  Ist die Ansage korrekt, so nimmt der Besitzer der Rollenkarte das Geschenk an und bedankt sich. Nun ist er an der Reihe.
  Wird eine falsche Form geäußert, so korrigiert der Besitzer der Rollenkarte, darf das Geschenk aber nicht annehmen und auch nicht unmittelbar darauf wieder angeboten bekommen, z.B.:

(A) (zum Besitzer der Rollenkarte ‚*senatores*‘): „*Donum senatoribus do.*“ *(richtig)*

(B): „*Gratias ago!*“

(B): (zum Besitzer der Rollenkarte ‚*Lucius*‘): „*Donum Lucius do.*“ (falsch)

(C): „*Minime! Donum Lucio das.*“ (korrigierte Fassung)

Produzieren alle Gruppenteilnehmer die Formen fehlerfrei, so wird der Rollenkartensatz mit dem einer anderen Gruppe getauscht, die auch gerade fertig ist (Lerntempoduett).

ROLLENTANDEMKARTEN (weitere Tandemkarten s. →Downloadmaterial, Code S. 80)
Die Karten werden in der Mitte gefalzt und Rücken an Rücken geklebt, dann an den waagerechten Linien abgeschnitten.

dominus	domino
Aurelia	Aureliae
gladiator	gladiatori
amici	amicis
senes	senibus
Publius	Publio
Valeria	Valeriae
mater	matri
pueri	pueris
mercatores	mercatoribus

- Zuordnen von Besitz mit dem *dativus possessivus (esse + Dativ)*:
Die Klasse ist mit lateinischen Namensschildern oder Rollenkarten ausgestattet.
Fünf Schülerinnen und Schüler stellen sich mit zwei Gegenständen vor die Klasse. Der Rest der Klasse hat eine Minute Zeit, sich einzuprägen, wem was gehört. Dann verlassen die fünf den Raum, tauschen draußen einige (nicht alle) Gegenstände untereinander aus und kommen wieder herein. Nun müssen die anderen feststellen, was wem (nicht) gehört und einander gegebenenfalls korrigieren.

A: „*Id*[26] *non Lucio est.*" / „*Id Antoniae est.*"

- ‚Kofferpacken' für die Generation Facebook: *cui placet?*
Für eine persönliche, aber auf den Singular der a- und o-Deklination reduzierte Form werden Namenskarten verwendet, am besten aber die Rollenkarten. Für schwächere Klassen könnte man zusätzliche Karten für das, was demjenigen gefällt, verteilen, aber in der Regel ist das nicht nötig. Tatsächlich fällt es den meisten leicht, etwas Passendes zu finden. Hat man Tischgruppen oder Reihen, bietet sich ein Wettspiel an.

A: (Rollenkarte ‚puer'): „*Mihi amica placet.*"

B: (Rollenkarte ‚puella'): „*Puero amica placet. Mihi vestis placet.*"

C: (Rollenkarte ‚mercator'): „*Puero amica placet. Puellae vestis placet. Mihi pecunia placet.*"

Das Ganze funktioniert zur Abwechslung natürlich auch im Negativen.

- Kombination mit dem Akkusativ: Tandembögen und Folien
Wichtig ist gerade beim Spracherwerb, dass Phänomene nicht isoliert vorkommen, also sind z.B. Dialoge über eine Geschenkliste oder geplante Verkäufe eine gute Gelegenheit, Dativ und Akkusativ ebenso wie ‚*dare*' / ‚*vendere*', den *Dativus possessivus* und ‚*placēre*' zu verknüpfen: ‚Wem schenke/verkaufe ich was? Was hat er oder sie schon / noch nicht? Was gefällt ihm?' Der Kreativität sind hier keine Grenzen gesetzt.

MATERIAL:
Tandembögen (S. 61): Auf einer Geschenkeliste stehen 5 Personen 6 Gegenstände gegenüber. Doch wem schenkt der Partner was? Nur der Partner kennt die Antworten (*solutio*).
Folie „cui placet?" s. S. 62.

---

26 Da die Gegenstände in die Hand genommen werden sollen, kann das ‚*id*' auch entfallen.

QUIS?	QUID?		SOLUTIO
Sextus	liber		Lucio togam virilem do.
Phrygia	cena		Mercatoribus epistulas do.
victores	flores		Matri basium do.
	praemia		
agitator	equus		Magistrae stilos do.
liberi	pilae		Servis tunicas do.

TANDEMBOGEN PARTNER B

QUIS?	QUID?		SOLUTIO
Lucius	basium		Sexto librum do.
mercatores	stili		Phrygiae equum do.
	tunicae		
mater	malum		Victoribus praemia do.
magistra	toga virilis		Agitatori flores do.
servi	epistulae		Liberis pilas do.

Cui
(non)
placet
?

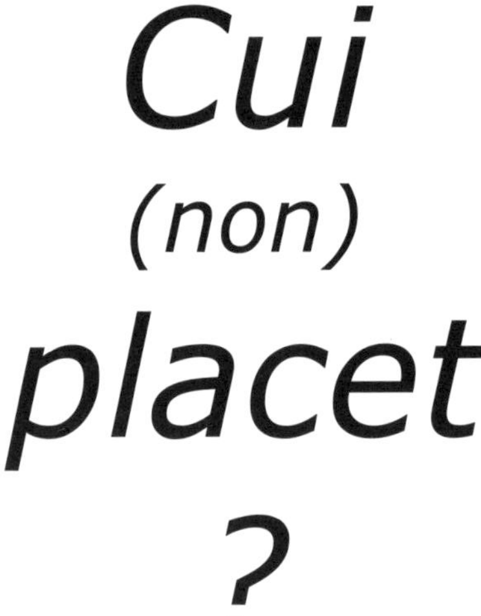

10. Der AcI

Ähnlich wie der Akkusativ sich zur Gegenstandsbeschreibung eignet, taugt der AcI zum Benennen der Vorgänge, die man sinnlich wahrnimmt. Da er im Zusammenhang mit den Verben ‚sehen‘ und ‚hören‘ auch im Deutschen vorkommt, ist das Verständnis in der Regel unproblematisch und kann im Verlauf der einsprachigen Einführung z.B. durch Verben der Meinungsäußerung ersetzt werden, ohne dass dies zu Irritationen führt.

ZIEL

Die Schülerinnen und Schüler erfassen die Konstruktion audiovisuell, reagieren auf Verständnisfragen, reproduzieren die Konstruktion und wenden sie zuletzt funktional in verschiedenen Zusammenhängen an.

VORBEREITUNG
- Ein wichtiges Requisit sind Namenskarten mit römischen Vornamen, Bildfolien (hier zum Thema ‚Schule‘), Aktionskarten mit Verben (Tätigkeiten in der Schule, die pantomimisch ausführbar sind), sowie Tandemkarten.
- In einer vorhergehenden Stunde sollte gegebenenfalls das Klassenraumvokabular noch einmal wiederholt werden (vgl. Wortschatz S. 71).

VORENTLASTUNG
Die Lehrkraft eröffnet mit der Frage: *„Quid in ludo facere/agere possumus?“* und sammelt als Gedächtnisstütze für die spätere Einführung des AcI von Schülern genannte Infinitive an der Tafelseite.

AKTION
1. Phase: Demonstration
Die Lehrkraft führt die Szene auf Folie 1 ein und zeigt und benennt dann Tätigkeiten und Personen, die zu sehen sind. Dabei wird (gerade bei schwächeren Klassen oder solchen mit wenig Sprecherfahrung) die erste Person Plural verwendet, damit die Schüler später nicht zwischen der ersten und zweiten Person Singular hin- und her springen müssen:

Hic est ludus Romanus. Quid videmus?

Videmus puellam legere, (videmus) puerum intrare etc.‘

Wie immer sind in der Regel mindestens fünfzehn Beispiele gefragt. Folie 1 bietet eine ganze Reihe Sprechanlässe, von denen einige auch im Plural umsetzbar sind. Wichtig ist Spontaneität und ausreichende Variation, wobei es nicht schadet, die Akkusativendungen deutlich auszusprechen. Man merkt schnell, wann die Lerngruppe die Konstruktion durchschaut hat und kann dann zum nächsten Schritt übergehen. Kognitivierung ist wie immer erlaubt, hier aber noch eher störend.

LUDUS ROMANUS

Videmus...

... magistrum adesse

... magistrum ludum Romanum monstrare/explicare/librum tenere

... discipulos adesse

... etiam discipulas adesse

... puerum intrare/per portam currere

... puellam ad ludum currere/non iam adesse

... puellam tabulam/murum purgare/detergere

... puerum pingere

... puellam templum monstrare

... puellam sedere et cogitare/dubitare

... puerum aliquid dicere velle

... puellam stare

... puellam fabulam narrare/recitare

... puellam legere

... puellam scribere

... puellam sedere

... puerum librum aperire

... puerum scribere

... puerum librum promere

... puerum stare

... puerum cogitare.

2. Phase: Rezeption

Folie 2 bietet dieselbe Szene, nun aber mit Eigennamen, so dass das stereotype ‚*puella*‘ / ‚*puer*‘ weiter variiert wird.

Diesmal benennt die Lehrkraft Person (Junge/Mädchen) und Tätigkeit (vgl. Sprechanlässe zu Folie 2) und erfragt dann zur Überprüfung des Verstehens den Namen der Person, z.B.:

Lehrkraft: ‚*Video puerum pingere. Quis est?*‘

Schüler A: ‚*Brutus est.*

LUDUS ROMANUS

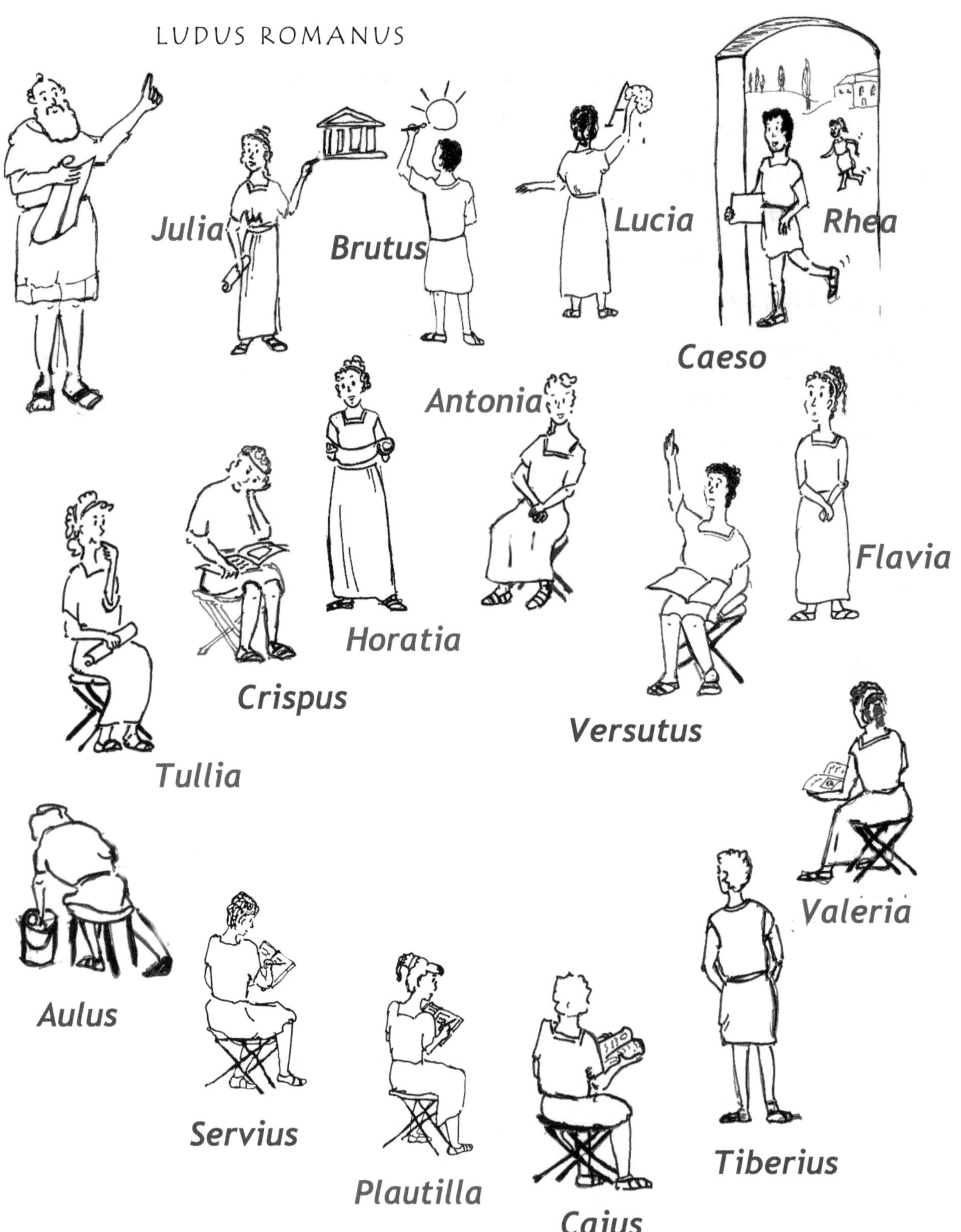

Auch hier sind die folgenden Sprechanlässe nur Beispiele. Spontaneität ist wieder gefragt. Da nichts mehr gezeigt werden muss, kann man am besten aus der Schülerperspektive im Klassenraum arbeiten und hat die Lerngruppe besser im Blick. Je nach Stärke der Lerngruppe können Schüler bereits hier eigene Beobachtungen äußern und Fragen an die Mitschüler stellen.

SPRECHANLÄSSE: Folie 2

Video ...

... puerum intrare.	>	**Caeso** est.
... ad ludum currere/non iam adesse.	>	**Rhea** est.
... puellam tabulam purgare.	>	**Lucia** est.
... puerum pingere.	>	**Brutus** est.
... puellam templum monstrare.	>	**Julia** est.
... puellam sedere et cogitare/dubitare.	>	**Tullia** est.
... puerum aliquid dicere velle.	>	**Versutus** est.
... puellam stare.	>	**Flavia** (Antonia) est.
... puellam fabulam narrare/recitare.	>	**Horatia** est.
... puellam legere.	>	**Valeria** est.
... puellam scribere.	>	**Plautilla** est.
... puellam sedere.	>	**Antonia** (Tullia/Plautilla/Valeria) est.
... puerum librum aperire.	>	**Caius** est.
... puerum scribere.	>	**Servius** est.
... puerum librum promere.	>	**Aulus** est.
... puerum stare.	>	**Tiberius** est.
... puerum cogitare.	>	**Crispus** est.

3. Phase: Reproduktion

Im nächsten Schritt bejahen oder verneinen die Schüler zutreffende bzw. nicht zutreffende Aussagen zu Folie 2 und korrigieren sie je nach Vermögen: sei es durch die einfachste Korrektur in Form einer Verneinung der falschen Aussage durch Hinzufügen von ‚*non*‘ oder durch einen Teilaustausch entweder des Namens oder des Verbs im AcI. Die Aussagen werden nun auch von den Schülern selbst getroffen, z.B.:

wahr: Videtisne Publium adesse?	>	*Ita. Publium adesse videmus.*
falsch: Videtisne Tulliam intrare?	>	*Minime. Tulliam intrare non videmus.*
	>	*Minime. Tulliam cogitare/sedere videmus.*
	>	*Minime. Caesonem intrare videmus.*

4. Phase: Produktion:

Pantomime

- Die Schüler heften römische Namensschilder gut sichtbar an. Aktionskarten mit Infinitiven von Klassenraumverben werden an die Hälfte der Lerngruppe verteilt.

- Die Schüler setzen jeweils die auf der Karte genannte Aktion so lange pantomimisch um, bis Schüler der anderen Klassenhälfte die Aktion erkannt und ihre Beobachtung mit einem AcI korrekt formuliert haben, diesmal mit ‚*puto*' oder ‚*conicio*' statt ‚*video*', da es sich um Vermutungen handelt.

- Gerade ungenaue Pantomime führt hier zu einer maximalen Umwälzung des Lernstoffs.

- Während die Schüler beschäftigt sind, kann man nach vorheriger Absprache mit den Schülern die Gesten fotografieren und in der Folgestunde als motivierenden Einstieg verwenden.

Tandemkarten

- Will man den AcI mit Reflexiva umsetzen und intensiv üben, so bieten sich Tandemkarten an, bei denen sowohl Frage als auch Antwort die Konstruktion verwendet.

- Schüler (A) führt die aus dem Infinitiv der ihm zugewandten Lösungsseite ersichtliche Tätigkeit pantomimisch aus und fragt Schüler (B): ‚*Quid me facere/agere putas?*'

- Schüler (B) sieht auf der ihm zugewandten Seite der Tandemkarte, ob die Frage korrekt gestellt ist und äußert nun unter Verwendung des AcI eine Vermutung, was Schüler (A) nach seiner Meinung darstellt, z.B:. ‚*Te dormire puto.*'

- Schüler (A) bejaht und kontrolliert die Aussage anhand seiner Seite der Tandemkarte oder verneint und führt die Pantomime erneut aus.

TANDEMKARTEN (Erweiterung im →Downloadmaterial, Code S. 80)

VORDERSEITE	RÜCKSEITE
(Kursivgedrucktes als Pantomime; Fragestellung unter Verwendung des angegebenen ‚Kopfverbs')	(unter Verwendung des jeweils angegebenen ‚Kopfverbs' zu beantworten)
Te *currere* conicio.	Quid me facere conicis?
Te *gaudere* puto.	Quid me facere putas?
Te *intrare* puto.	Quid me facere putas?
Te *tacere* credo.	Quid me facere credis?
Te *clamare* puto.	Quid me facere putas?
Te *cantare* credo.	Quid me facere credis?
Te *exspectare* puto.	Quid me facere putas?

– Natürlich bietet sich auch eine weitere Folie an – entweder zur weiteren Beschreibung oder möglicherweise gerade zur Kontrastierung mit dem vorzeitigen AcI – die Betrachtung der Klassenraumsituation zu einem anderen Zeitpunkt: Wie sah es aus, bevor der Lehrer zur Stunde hereinkam (Folie 3, s. →Downloadmaterial, Code S. 80)?

– Lesetagebuch: In der Lektüre der modernen Fremdsprachen ist das Lesetagebuch eine gängige Methode, die meist dem Nachvollziehen der Handlung bzw. des Spannungsbogens einer Erzählung dient.

Hat man aber eine spannende Geschichte, die sich in mehreren Etappen entwickelt, so kann man mit dem AcI ein Lesetagebuch oder bei einer Kriminalgeschichte sogar eine ‚Ermittlungsakte‘ anlegen lassen, in der jeweils der momentane Wissensstand (‚*Scimus* …‘) und die daraus folgenden Vermutungen (‚*Putamus* …‘) mit einem lateinischen AcI notiert werden.

Da es hier nicht vordergründig um Grammatik geht und in eine solche Akte auch Tatortzeichnungen oder Karten mit einfließen können, wiederholen die Schüler den AcI hier mit einer hohen Frequenz, ohne dabei an Motivation einzubüßen.

Zudem üben sie, Texte auch inhaltlich genauer unter die Lupe zu nehmen, Perspektiven zu erkennen und Beobachtungen dementsprechend zu relativieren.

Je natürlicher sie mit der Sprache umgehen, desto kreativer werden sie einerseits selbst, und desto besser werden letztlich auch ihre Übersetzungsleistungen, weil sie einen affektiven Zugang zur Sprache erschließen, der nur erworben, nicht ‚gelernt‘ werden kann.

Wortschatzeinführung

Dass man neben der Grammatik auch den Wortschatz mit Bildern und Handlungen einsprachig einführen kann, ist offensichtlich. Diese Methode wird bereits in der muttersprachlichen Anfängerlektüre genutzt, indem häufig vorkommende Wörter im Text durch Bildsymbole ersetzt werden, sie bringt Judo-Schüler dazu, japanische Zahlen mit Handlungen verknüpft zu behalten. Entscheidend sind auch hier die Eindeutigkeit des Begriffs in variierenden Kollokationen und die Wiederholungsfrequenz. Beides ist bei abstrakten Begriffen naturgemäß oft schwieriger zu erreichen als bei konkreten, sodass man Aufwand und Nutzen gut abwägen sollte.

1. Klassenraumvokabular

Was läge näher, als sich die regelmäßige Wiederkehr typischer Situationen im Klassenraum zur Vokabelwiederholung zunutze zu machen? Während Teile des Mobiliars in späteren Übersetzungstexten nicht allzu häufig vorkommen dürften, lassen sich eine Reihe von Verben auf diese Weise gut einführen und üben. Es lohnt sich, abgesehen von Standardsituationen und Lehreranweisungen einmal im Deutschen darauf zu achten, welche Aussagen *Schüler* oft wiederholen: sagt man statt „ich weiß nicht, versuch's aber mal" „*nescio sed studeo*", trifft man vielleicht nicht immer die richtige Antwort, kennt aber in jedem Fall die Bedeutung häufig vorkommender Vokabeln wie ‚*nescire*' und ‚*studere*'. Selbst die scherzhafte Ansage, Schüler sollten, wenn es denn schon während des Unterrichts sein müsse, ihren Harndrang auf Lateinisch zum Ausdruck bringen, sorgte einmal binnen kurzer Zeit sowohl für einen ungestörten Unterricht als auch dafür, dass die gesamte Klasse – übrigens ebenso wie die Französisch- und Spanischklassen nebenan – neben der Bedeutung von ‚*mingere*' auch die von ‚*debere*'[27] nicht vergaß.

ZIEL

Die Schülerinnen und Schüler verstehen Klassenraumvokabeln (vor allem Verben) aus dem Handlungszusammenhang und wenden sie situationsangemessen zunächst hauptsächlich beschreibend in der 3. Person an.

VORBEREITUNG
- Die Schüler beherrschen bereits die Personalendungen im Präsens.
- Der Text muss nicht notwendigerweise auswendig gelernt werden, sollte aber den Schülern für die Reproduktions- und Produktionsphase als Textblatt oder auf Karten zur Verfügung gestellt werden. In der Klasse sollten die angesprochenen Gegenstände (Tafel, Schwamm, Tennisball auf dem Pult) vorhanden und die Schulbücher noch in den Schultaschen verstaut sein. Die Lehrkraft nimmt ein Lehrbuch in die Hand und geht zu Beginn kurz vor die Tür.

---

27 ‚*Debere*' ist eigentlich ein Ausdruck moralischer Verpflichtung und in Kollokation mit ‚*mingere*' / ‚*meiere*' nicht belegt, daher wahrscheinlich ein Germanismus. Wer sich auf sichererem Boden bewegen will, kann auf das gut belegte ‚*velle*' ausweichen (*cf.* Martial, *Epigrammata*, 3,78, 1–2).

1. Phase: Demonstration und Rezeption

   Die Lehrkraft spricht – auch Vorlesen ist ausdrücklich erlaubt – und spielt das Gesagte. Die Schülerinnen und Schüler werden durch Gestik zur Mitwirkung aufgefordert und agieren dann pantomimisch als *,puer'* oder *,puella'*.

Ludus Romanus

Magistra/magister intrat.	*Nunc in libellum scribite:*
Discipuli surgunt.	*,In ludo pugnare non debeo!'"*
Magistram/magistrum salutant:	*Magistra rogat:*
(„Salve magistra/magister!")	*„Quid etiam in ludo facere non debetis?"*
Tum assidunt.	*Discipulus aliquid dicere vult ...*
Primo librum promere debent.	*... sed dubitat.*
deinde librum aperiunt	*Discipuli discipulaeque cogitant.*
... et legunt.	*Unus puer in sella sedet,*
[Puer fabulam narrat.]	*e fenestra spectat,*
Nunc puer ad tabulam properat.	*oscitat,*
Templum pingit.	*tum somniat.*
Magistra eum laudat.	*Discipuli discipulaeque rident.*
Puer gaudet.	*(Pausenklingelgeräusch)*
Puella ad tabulam properat.	*A! Intermissio est.*
Tabulam purgare vult.	*Nunc non iam laborare debemus.*
Alia puella etiam tabulam purgare vult.	*Volumus currere,*
Pugnant...	*edere,*
... et clamant.	*bibere*
Magistra dicit: „Tacete! Spongiam date!	*et pila ludere*
	sed nolumus pilam in fenestram pellere!

2. Phase: Reproduktion

   Die Schülerinnen und Schüler bekommen den Text als Handout und spielen die Geschichte erneut im Plenum oder in kleineren Gruppen nach. Dabei soll pro Gruppe nur ein Text vorhanden sein, damit die Gruppenmitglieder sich gegenseitig zuhören und nicht mitlesen.

   Um das Verständnis zu überprüfen, werden die Schüler einer Klassenhälfte aufgefordert, Handlungen aus dem Text pantomimisch darzustellen. Die Lehrkraft trifft nun Aussagen, die von den verbliebenen Schülern den Darstellern namentlich zugeordnet werden sollen. Die Wiederholung der neuen Vokabel ist hier noch optional, unterstützt aber den Lerneffekt.

(A): *Puella bibit. Quis est?*

(B): *(Name) est. (Name) bibit.*

In einem nächsten Schritt können nun von Lehrkraft und Schülern zutreffende oder unzutreffende Aussagen über die Darsteller gemacht werden, die dann zu korrigieren sind.

3. Phase: Produktion
In Kleingruppen wird die Geschichte nun verändert und in der Gruppe oder später auch im Plenum gespielt. Hier ist Gelegenheit zur Binnendifferenzierung: Schwächere Gruppen ordnen den Text lediglich neu oder lassen Elemente wegfallen, während stärkere Gruppen neue Texte verfassen.
Zur Festigung sind Schülerzeichnungen geeignet, die als Folien später eine Übungsgrundlage für die Klasse bilden können.

2. Bildergeschichten

Bildergeschichten und Bildbeschreibungen sind bereits in der Grundschule Bestandteil des Deutschunterrichts und auch aus dem modernen Fremdsprachenunterricht nicht mehr wegzudenken. Auch für Lateinlerner ist eine Vielzahl von Texten von Ovid bis Asterix als Comic erhältlich, jedoch eher nicht als Lernmaterialien für den Anfangsunterricht. Dabei eignen sie sich ideal für die Einführung von Vokabular, das durch Kollokationen mehrfach vernetzt und so später leichter abrufbar wird. Selbst rudimentäre Strichzeichnungen erfüllen ihren Zweck.

Vorschlag 1: Bildsequenz *Ante Circum Maximum*

Vorbereitung
- Die Geschichte wird in Einzelbildern entweder auf Folie oder als große Papierbilder (min. Din A 4) vorbereitet, die an der Tafel anzuheften sind.

Aktion
1. Phase: Demonstration
   Die Geschichte wird vorgetragen. Dabei werden die einzelnen Bilder gezeigt.

   Ecce portae. Portae patent.
   Puer portas accedit.
   Ante portas stat et diu exspectat.
   A! Amica tandem accedit. Currit.
   Puer valde gaudet.
   Amica puero basium dat.

2. Phase: Rezeption

Nun werden die Bilder gemischt. Die Geschichte – im Ernstfall eher länger als das Beispiel – wird erneut vorgetragen. Die Schülerinnen und Schüler stellen die Ordnung wieder her.

3. Phase: Reproduktion und Produktion

Die Bilder werden aufgedeckt und die Schülerinnen und Schüler erzählen dazu die Geschichte. Das kann auch zunächst ein Lückentext sein.

Eine Variante wäre ein Bilddiktat, bei dem die Lehrkraft zunächst für die Schüler unsichtbar ein Bild zeichnet und es dabei beschreibt. Die Schüler verstehen hörend und zeichnen selbst. Der diktierte Text kann dabei leicht z.B. durch Austausch der Personen oder Negativierung der Aussagen verändert werden.

Vorschlag 2: Bildsequenz *Mare incertum*

Diese fünfteilige Bilderfolge greift stets auf dieselben Seefahrtsvokabeln zurück, arbeitet aber durch die veränderten Umstände immer mit neuen Kollokationen.

(Bild 1)

Dies est. Sol in caelo est/fulget.
Navis per mare navigat.
Mare turbidum est: undae maris magnae sunt.
Gubernator in puppi stat.
Vector in prora iacet et quiescit.
Nautae undas remīs pellunt/remis incumbunt. Labor nautarum magnus est.
Nautae sudant.
Ventus quiescit.
Labor nautarum magnus est. Nautae contenti non sunt. Nautae sudant.

(Bild 2)

Nunc etiam dies est. Sol non iam in caelo est/fulget.
Nubes in caelo sunt.
Ventus velum complet.
Mare turbidum est.
Navis per magnas undas navigat.
Nautae remis incumbunt, sed non iam sudant.
Nunc gubernator, qui in puppi stat, laborat et sudat.
Vector non iam quiescit, sed de prora vomit.
Vector contentus non est (et navis etiam contenta non est).

(Bild 3)

Nunc nox est. Luna et stellae in caelo sunt.
Omnes quiescunt: mare quiescit (undae absunt), ventus quiescit, nautae (et remi) quiescunt, gubernator quiescit.
Solum vector non quiescit, sed in prora stat. Lunam et stellas spectat.
Piscis e mari salit.

(Bild 4)

Etiam nunc nox est. Stellas et lunam videmus. Ventus quiescit, sed nautae, vector et gubernator non iam quiescunt:
Subito duae naves adsunt: navis piratarum navem vectoris accedit.
Piratae in navem vectoris saliunt.
Unus nauta cum piratis pugnat. Alius nauta in prora iacet. Alios nautas non iam videmus.
Gubernator de nave salit. Vector ad velum ascendit.
Pirata praedam sumit.

(Bild 5)

Non iam nox est. Luna et stellae absunt, ventus abest et naves paene absunt:
navis piratarum fugit. Gubernator piratarum in puppi stat. Etiam praedam in puppi videmus.
Gubernator contentus est.
Navis nautarum sub mari est. Solum velum videmus.
Vector in velo sedet. Contentus non est.
Nubes supra vectorem in caelo est. Caelum turbidum est.

BILDSEQUENZ

Vorschlag 3: Einzelbild

Anstelle einer Bilderfolge eignet sich natürlich auch ein einziges Bild. Diese Variante sieht man gelegentlich als Zuordnungsübung, bei der den Details einer Statue, eines Portraitbildes oder eines Landschaftsgemäldes[28] die entsprechenden Vokabeln des Wortfeldes zugeordnet werden. Um die Vorteile des *latine loqui* voll auszunutzen, sollten die Vokabeln aber – möglichst in verschiedenen Kollokationen – im Satzzusammenhang auftauchen. Bilder mit Handlung sind hier optimal und zum Glück bietet die Antikenrezeption hier eine reiche Auswahl, vor allem bei Themen aus Ovids Metamorphosen oder Vergils Aeneis. Führt man die Vokabeln mit einem Bild ein, kann man mühelos verschiedene Bilder in der Lerngruppe verteilen und z.B. das Verständnis mit einer Checkliste von Feststellungen überprüfen, die jeweils nur bei einigen zutreffen. Im nächsten Schritt kann man die Bilder der ganzen Lerngruppe vorstellen, die positiven Punkte einer Checkliste vorlesen und die Lerngruppe eine Zuordnung treffen lassen. Gerade in der Lektürephase schärft eine solche Bildbetrachtung den Blick für scheinbar nebensächliche Details, die eine Interpretation entscheidend beeinflussen.

Szenen oder Sequenzen aus Filmen sind ebenso eine ideale Quelle für viele Aspekte römischen Lebens – nicht nur des militärischen Bereichs. Da antike Themen in Filmen wieder an Popularität hinzugewonnen haben, ist man hier nicht einmal auf Sandalenfilme der siebziger Jahre angewiesen und hat die Motivation des Mediums auf seiner Seite. Ob *Troja* oder *Gladiator*, *Asterix* oder *Der Adler der neunten Legion* – kaum ein Film, in dem nicht geeignete Szenen zum Nacherzählen oder kommentieren zu finden wären. Für Kreative ist auch das Neusynchronisieren entsprechender Szenen in lateinischer Sprache eine Möglichkeit, die selbst in schwächeren Lerngruppen die meisten motiviert.[29] Eine ‚Live-Reportage' zu einem Wagenrennen oder zu einer Kampfszene will natürlich vorbereitet sein, sorgt aber ganz ohne Zwang für eine optimale Umwälzung des Vokabulars.

---

28 Vgl. z.B. Rudolf Henneböhl, *Ovid: Metamorphosen. Übungsband*, Bad Driburg 2008, S. 14 f.

29 Wagt man sich aus der antiken Sphäre heraus, so lassen sich auch Filmszenen einer Seeschlacht aus *Pirates of the Caribbean* gewinnbringend für maritimes Vokabular einsetzen.

Links unter:
www.v-r.de/latine-loqui

Code für E-Book-Download:
STYfVVkS

Code für Zusatzmaterial-Download:
Frbj8kzA